Hans-Albert Stechl

Einfach gut gekocht

3. Teil

W0172486

© 2009. Rombach Verlag KG, Freiburg i.Br./Berlin/Wien
1. Auflage. Alle Rechte vorbehalten
Redaktion und Lektorat: Anne Schlichtmann
Umschlag und Satz: typo|grafik|design, Herbolzheim i.Br.
Fotos: Hans-Albert Stechl
Herstellung: Rombach Druck- und Verlagshaus GmbH & Co. KG, Freiburg im Breisgau
Printed in Germany
ISBN 978-3-7930-5062-9

Hans-Albert Stechl

Einfach gut gekocht

3. Teil

Übersicht der Rezepte

Suppen, Salate und Vorspeisen

Vegetarisches

Fisch

Geflügel

Fleisch

Fleisch

Nachspeisen und Süßes

Vorwort

Alle kümmern sich um unsere Ernährung und um unsere Gesundheit. Pillendreher versorgen uns mit überflüssigen Vitaminkapseln, Lebensmittelkonzerne preisen überteuerte Produkte an, denen sie Zusatz- und Ergänzungsstoffe beigemischt haben, ohne die man angeblich kaum noch in der Lage ist, den nächsten Tag lebend zu erreichen. Und wer mit all dem noch nicht fit und glücklich wird, kann sich mit mindestens fünfhundert unterschiedlichen Diät-Tipps herumquälen und sich auf diese Weise den Tag vermiesen.

Von all diesen Angeboten habe ich mein Lebtag noch nichts angerührt und fühle mich trotzdem recht wohl. Denn ich bin überzeugt: es geht alles viel einfacher und vor allem mit viel mehr Genuss. Wer sich die Woche über quer durch den Gemüse- und Salatgarten futtert, immer wieder mal bei einem Fisch und gelegentlich bei einem Stück Fleisch halt macht, auf frische Ware achtet und auf fetttriefende Zubereitungen verzichtet, der kann, was die Ernährung anbelangt, nichts falsch machen – immer vorausgesetzt, man isst mit Genuss und nicht mit verklemmtem Gewissen.

Damit in der Küche zuhause kreative Freude aufkommt und nicht etwa Stress entsteht, versuche ich alle 14 Tage im Wochenend-Magazin der *Badischen Zeitung* ein paar Anregungen zu geben, wie man abwechslungsreich, schmackhaft, gesund und mit einem vernünftigen Zeit- und Kostenaufwand kochen kann.

Vor zwei Jahren ist der zweite Band von *Einfach gut gekocht* erschienen. Nun liegt Band drei vor Ihnen. In ihm sind alle neuen Rezepte versammelt, die von September 2007 bis August 2009 in der *Badischen Zeitung* veröffentlicht worden sind – 50 Stück insgesamt.

Ich wünsche Ihnen viel Spaß beim Kochen und genussvolle Stunden danach.

Ihr

Hans-Albert Stechl

Avocado, Rote Beete und Garnelen

Dies ist Vorspeise und Fischgang in einem. Dazu ist es auch in größeren Mengen einfach und schnell zuzubereiten, kurz gesagt, ein idealer Einstieg in ein Festtagsmenü, für das man nicht stundenlang in der Küche stehen möchte. Wer keine Garnelen mag, ist mit einem Rotbarbenfilet pro Person bestens bedient, oder man nimmt einfach ein Stück Fischfilet. Garnelen schlage ich hier nur deshalb vor, weil es mittlerweile auch im Supermarkt tiefgekühlte Bio-Ware in sehr guter Qualität und zu akzeptablen Preisen gibt. Denn wer Berichte über herkömmliche Zuchtbetriebe mit ihrem intensiven Einsatz an Chemikalien gelesen oder im Fernsehen verfolgt hat, mag deren Produkte nicht mehr essen.

Die gekochten Roten Bete werden in Scheiben geschnitten und mit einer deutlich senfhaltigen Vinaigrette angemacht. Also: zwei Esslöffel Essig mit einem gehäuften Teelöffel scharfem Senf, einer Prise Zucker und drei Prisen Salz glatt rühren, dann fünf Esslöffel Olivenöl dazugeben, die Mischung pfeffern und alles gut vermengen. Unter die Rote Bete mischen und beiseite stellen.

Eine halbe Zitrone und eine halbe Limone auspressen. Die Avocados halbieren, den Stein entfernen und schälen, das Fruchtfleisch in Streifen schneiden und diese dann noch ein paar mal quer durchtrennen, so dass man kleine Würfel hat. Sofort die Zitronen-Limonen-Saft-Mischung dazugeben und verrühren, damit die Avocados nicht dunkel werden. Zwei Esslöffel Crème fraîche unterrühren und mit Salz und Pfeffer abschmecken. Wer unter der ja immer recht weichen und cremigen Avocado noch etwas Bissfestes braucht, kann einen Apfel in kleine Würfel schneiden und diese untermischen. Die aufgetauten Garnelen – rohe eignen sich besser als vorgekochte – abwaschen und mit Küchenpapier trocken tupfen. Dann werden die Tiere von der dicken Seite her längs eingeschnitten, etwa auf zwei Drittel bis drei Viertel der Länge, so dass sie am spitzen Ende noch zusammenhalten. Den dünnen dunklen Faden, der jetzt freiliegt – das ist der Darm – entfernen.

Da die Garnelen in der heißen Pfanne ruckzuck gar sind, muss ich vorher die Teller vorbereiten. Hierzu lege ich einen Kranz aus Rote-Bete-Scheiben auf jeden Teller und platziere dann in die Mitte eine Portion vom Avocado-Salat.

Nun wird eine Pfanne mit ein bisschen Öl auf Vollgas erhitzt, die Garnelen hineingeben und salzen, es zischt gewaltig, einmal wenden,

Einkaufszettel

für vier Personen:

vier mittelgroße gekochte
Rote-Bete-Knollen

zwei reife Avocados

zwölf rohe, tiefgefrorene
Garnelen

Essig

Öl

ein Teelöffel scharfer Senf

Saft von je einer halben
Zitrone und Limone

zwei Esslöffel Crème fraîche

Salz, Pfeffer

Zucker

Cayennepfeffer

insgesamt brauchen sie nicht länger als ein
bis zwei Minuten – je nach Größe.
Es ist besser, wenn sie innen noch leicht
glasig sind. Durchgebraten werden sie
trocken und mehlig. Wenn sie fertig sind,
stäube ich noch einen Hauch Cayennepfeffer
darüber. Drei Garnelen pro Teller auf den
Avocado-Salat platzieren und anschließend
servieren.

Kastaniensuppe

Diese Suppe kann man gut vorbereiten, so entzerrt sie – beispielsweise vor einem größeren Essen – das dort übliche zeitliche Gedränge.

Zum Einsatz kommt diesmal – nein, nicht der Kürbis – sondern die Esskastanie, die Maroni. Aus ihr lassen sich wunderbar samtige Magenschmeichler zubereiten. Machbar wird diese Suppe vor allem deshalb, da fast alle gut sortierten Lebensmittelgeschäfte mittlerweile in den Wintermonaten geschälte, vorgekochte und unter Vakuum abgepackte Esskastanien bereithalten. Sie kommen in der Regel aus Frankreich und sind von sehr guter Qualität und ohne Konservierungsstoffe. Rohe Kastanien zuerst mühsam schälen, dann blanchieren, damit sich die Haut halbwegs abpellen lässt und dann noch weich kochen – das mute auch ich mir nicht zu. Suppengrundlage ist eine Gemüse-, Hühneroder Rinderbrühe. Zunächst werden die Schalotte und das Selleriestück geschält und klein gewürfelt und in einem Topf mit einem Esslöffel zerlassener Butter glasig-goldgelb angedünstet. Alternativ zum Sellerie eignet sich auch eine Petersilienwurzel oder eine Pastinake. Dann kommt die Brühe dazu, dann das Lorbeerblatt und die Kastanien, einmal kräftig aufkochen und danach zwanzig Minuten leise köcheln lassen.

Nun das Lorbeerblatt herausfischen, und dann kommt der Pürierstab zum Einsatz. Und damit die Suppe zum Schluss eine wirklich glatte und samtig-weiche Konsistenz hat, gieße ich sie nun durch ein feines Sieb, das alles herausfiltert, was dem Pürierstab entgangen ist.

Nun geht es ans Abschmecken mit Salz, Pfeffer und der Sahne. Wahrscheinlich fehlt ein Tick Säure, die dem ganz leicht süßlichen Grundgeschmack der Suppe etwas Leichtigkeit und Spritzigkeit verleiht. Balsamico-Essig leistet hier gute Dienste. Ich habe es mit einem Esslöffel voll versucht, das schien mir genau die richtige Dosierung.

Nun brauchen wir noch etwas, das auf oder in die Suppe kommt und ihr den gewissen Pfiff verleiht. Walnüsse passen prima. Ich knacke fünf Stück und hacke die Kerne mit dem Küchenmesser ziemlich klein. Dann nehme ich vier dünne Scheiben Bauchspeck (Frühstücksspeck) oder Schinken, schneide die Scheiben in ganz schmale Streifen und brate sie in der Pfanne kross an. Die Speck- oder Schinkenstückchen aus der Pfanne nehmen und auf Küchenpapier legen, damit sie entfettet werden. Nun vermische ich die gehackten Nüsse mit den Speckstücken und

1,2 Liter Brühe

400 Gramm vorgekochte und geschälte Esskastanien

eine Schalotte

50 Gramm Knollensellerie, Petersilienwurzel oder Pastinake

ein Lorbeerblatt

ein Esslöffel Butter

150 Gramm Sahne

Salz, Pfeffer

ein Esslöffel Balsamico-Essig

vier Scheiben Frühstücksspeck oder Schinken

fünf Walnüsse

Kürbiskernöl

streue, wenn die Suppe in die Teller geschöpft ist, einen Teelöffel von dieser Mixtur oben drauf. Alternativ oder zusätzlich dazu macht es sich gut, die Suppe mit ein paar Topfen Kürbiskernöl zu aromatisieren.

Linsen-Tomatensuppe

mit Chorizo

Mit dieser Linsensuppe ist man gegen das letzte Aufbäumen des Winters gefeit, man kann mit ihr auch einen Fastnachtskater zuverlässig vertreiben.

Die kleinen Le-Puy- oder Beluga-Linsen oder auch italienische Berglinsen werden in leicht gesalzenem Wasser gekocht, und zwar so, dass sie noch etwas Biss haben, also etwa fünf Minuten kürzer als die auf dem Päckchen angegebene offizielle Garzeit. Dass mir diese kleinen Linsensorten besser schmecken als die großen braunen Tellerlinsen, habe ich schon öfter erwähnt. Aber auch mit Tellerlinsen ändert sich an der weiteren Zubereitung nichts.

Während die Linsen kochen, werden Schalotten, Möhren, Staudensellerie und Knoblauch geputzt, klein gewürfelt und in einem Topf in ein paar Spritzer Olivenöl gedünstet, bis die Schalotten goldgelb-glasig sind. Dann kommen die Tomaten aus der Dose mitsamt ihrem Saft dazu. War es eine Dose mit geschälten ganzen Tomaten, werden diese mit dem Kochlöffel zerstoßen. War es eine Dose mit Tomatenwürfeln, ist nichts weiter zu tun. Nun kommen die Gewürze hinein: Lorbeerblatt, Thymian, Cayennepfeffer und – was ich sehr apart finde – ein Hauch Zimt. Der soll auf keinen Fall vorschmecken, zwei bis drei

Messerspitzen genügen. Das lassen wir nun rund zwanzig Minuten sanft köcheln.

Die gekochten Linsen werden in ein Sieb abgeschüttet und einmal kräftig abgebraust. So kommen sie in den Topf zum Tomatensugo. Nun gießen wir von der Brühe dazu, so viel, bis die Suppe genau jene Konsistenz hat, die wir mögen. Bei der Brühe passt alles, was gerade zur Hand ist – Gemüse, Huhn, Rind. Das köchelt nun noch weitere fünf bis zehn Minuten, bis die Linsen endgültig gar sind. Diese Phase wird zum Abschmecken genutzt. Salz, Pfeffer und ein Schuss Balsamico-Essig wird auf jeden Fall nötig sein. Wer es etwas säurebetonter mag – oder zur Katervertreibung braucht – nimmt Weinessig. Einen gehäuften Teelöffel scharfen Senf kann man hineinrühren oder – für alle, die es milder mögen – etwas Crème fraîche. Damit die Crème fraîche beim Einrühren keine Flocken bildet, empfiehlt sich folgendes Vorgehen: In einer Schüssel wird die Crème fraîche mit einer Gabel glatt gerührt, dann gibt man unter ständigem Rühren nacheinander etliche Esslöffel von der heißen Suppe dazu, bis die Crème fraîche gut verdünnt und durch die heiße Suppe angewärmt ist. So wird sie nun unter Rühren in den Topf gegossen. Dieses Vorgehen empfiehlt sich sicherheitshalber

auch beim Senf, auch wenn hier die Gefahr des Ausflockens nicht so groß ist.

Statt Wienerle passt die scharfe spanische Chrizo-Wurst ganz prima zu den Linsen. Es gibt dickere und dünnere Varianten. Die dünnere eignet sich hier besser. Die Würste in der Suppe erhitzen, zum Schluss mit Schnittlauch bestreuen und noch ein Baguette dazu reichen.

Einkaufszettel

für vier Personen:

250 Gramm kleine Linsen

eine große Dose
mit geschälten und
gewürfelten Tomaten

eine Knoblauchzehe

zwei Schalotten

zwei Möhren

ein Stängel Staudensellerie

ein halber Liter Brühe

ein Thymianzweig

ein Lorbeerblatt

je eine Prise
Cayenne-Pfeffer
und Zimt

Salz, Pfeffer

Essig

Senf

Crème fraîche

Chorizo-Würste

Oktopus-Salat

Einen Oktopus so zu kochen, dass er weich und zart ist und gleichzeitig noch einen kleinen Biss hat, scheint eine höchst komplizierte Sache zu sein. Griechenlandurlauber werden es bestätigen: Über wenige Dinge schwadroniert ein Tavernenwirt mit mehr Leidenschaft als über sein Geheimnis, wie er eine Krake weich bekommt. Das fängt bei den genau abzuzählenden Schlägen auf die Kaimauer an (bei Vollmond?) und hört bei dem unter der Hand weitergereichten Geheimtipp, dem Kochwasser den Korken einer Weinflasche (weiß oder rot?) beizufügen, noch lange nicht auf. Andernfalls bleibe das Fleisch zäh wie ein alter Radiergummi. Das ist, mit Verlaub, alles Kokolores beziehungsweise Folklore. Einen Oktopus richtig zu garen, ist so wenig kompliziert, wie eine Ochsenbrust zu kochen.

Ich kaufe – wenn es keinen frischen gibt – ein tiefgefrorenes Exemplar, lasse es auftauen, brause es gründlich ab und versenke es am Stück in einen Topf mit Wasser, dem ich ein bis zwei Lorbeerblätter, ein paar Pfefferkörner und pro Liter Wasser zwei Esslöffel Essig beigegeben habe. Kein Salz. Das Wasser zum Kochen bringen und dann weiter garen. Gerade so wie beim Ochsenfleisch sollte das Wasser nun nicht wild kochen, sondern nur leicht vor sich hin wallen. Je nach Größe des Oktopus und wie dick demnach seine Fangarme sind, dauert das Garen etwas weniger oder etwas mehr als eine Stunde. Ein Ein-Kilo-Exemplar braucht 50 Minuten. Man sollte zur Sicherheit zwischendurch mal ein Stück von einer Tentakel abschneiden und den Bisstest machen. Wer Routine und das richtige Feeling hat, sticht mit einer Fleischgabel in den Kraken und ermittelt auf diese Weise den Garzustand.

Den fertig gekochten Oktopus herausnehmen, abkühlen lassen und dann die Tentakeln abtrennen und in kleine Stücke scheiden. Auch den Kopf kann man in Stücke schneiden und essen, nur sieht er nicht so schön aus. Damit daraus nun ein köstlicher, frischer, sommerlicher Salat wird, brauchen wir eine Vinaigrette. Sie darf betont säuerlich sein, also verquirlen wir Olivenöl mit Essig, etwas Zitronensaft, Salz und Pfeffer. Auch eine gute Variante: die Vinaigrette mit Orangensaft abschmecken. Dann wird noch reichlich Petersilie klein geschnitten und darunter gemischt. Über den Oktopus gießen und ihn darin marinieren, eine Stunde, zwei Stunden, über Nacht, ganz egal.

Das weitere Procedere: Den Oktopussalat rechtzeitig aus dem Kühlschrank nehmen, da er zimmerwarm besser schmeckt als eiskalt.

Einkaufszettel
für vier Personen:

ca. 800 Gramm Oktopus

für das Kochwasser:

ein bis zwei Lorbeerblätter

ein paar Pfefferkörner

Essig

für die Vinaigrette:

Olivenöl

Essig

Zitronen- oder Orangensaft

Petersilie

Salz, Pfeffer

Zusätzlich:

Frühlingszwiebeln

Fenchelknolle

Spargel

Oliven

Mit grobem Salz, Pfeffer und einem Spritzer Zitronensaft würzen. Mit einem Stück geröstetem Weißbrot ist die Grundvariante dieser Vorspeise auch schon fertig.

Man kann den Salat auch noch etwas aufmöbeln. Frühlingszwiebeln, in kleine Stücke geschnitten und in der Pfanne in Olivenöl hellbraun angebraten, machen sich sehr gut. Dasselbe gilt für hauchdünn geschnittenen Fenchel. Selbst Spargelstücke passen. Manche mischen Oliven darunter, andere in Würfel geschnittene Paprikaschoten. Letzteres jedoch ruiniert, wie ich finde, den feinen Fischgeschmack vollkommen.

Panzanella –
Italienischer Brotsalat

Panzanella, der italienische Brotsalat, hat es mittlerweile sogar bis auf die Speisekarten der besseren Restaurants geschafft, und das wahrscheinlich deshalb, weil die Art und Weise der Zubereitung ein bisschen verfeinert wurde. Ursprünglich war der Salat eine Verwendungsmöglichkeit für altes bis sehr altes Brot, das zunächst in Wasser eingeweicht, dann zerrupft und danach in der Pfanne in Öl gebraten werden musste – eine Prozedur, die unterm Strich immer zu einer eher unansehnlichen und letztendlich auch ziemlich matschigen Konsistenz geführt hat. Im Übrigen sind Tomaten und Gurken wichtige Bestandteile dieses Salates, er passt also bestens bei sommerlichen Temperaturen. Panzanella ist eine erfrischende Zwischenmahlzeit oder eine wunderbare Beilage, die vor allem zu gebratenem Fisch und Fleisch immer eine gute Figur macht.

Wir verwenden Brot, das entweder frisch ist und deshalb getoastet wird, oder aber etwas älteres Brot, bei dem man auf das Toasten verzichten kann. Die Röststoffe tragen zum Gesamtaroma des Salates einiges bei, weshalb ich die kräftig getoastete Variante bevorzuge. Da das Brot – in grobe Würfel geschnitten – in den Salat gemischt wird und dadurch mit der Salatsoße Kontakt bekommt,

wird es später leicht angeweicht. Aus diesem Grund eignet sich Toastbrot mit seiner schlaffen Konsistenz nicht so gut. Kräftiges Brot mit Rinde ist besser. Es muss kein Weißbrot sein. Auch ein gewürztes Brot wie das italienische Ciabatta schmeckt prima.

Die Brotscheiben, die mindesten daumendick geschnitten sein sollten, werden mit Knoblauch leicht eingerieben. Hierzu wird eine ungeschälte Zehe quer halbiert und mit der Schnittfläche über das Brot gerieben. Das Brot – getoastet oder aufgrund seines Alters schon etwas hart – wirkt dabei wie ein feines Reibeisen. Dann die Brotscheiben grob würfeln.

Tomaten und Salatgurken werden entkernt und ebenfalls grob gewürfelt. Dünn geschnittene Ringe einer milden Gemüsezwiebel gehören noch dazu. Mit ihrer knackigen Konsistenz und ihrem kräftigen Geschmack machen sich auch die Stangen vom Staudensellerie sehr gut, die in dünne Scheiben geschnitten werden. Und wer noch andere Dinge im Salat haben möchte – dünn gescheibelten Fenchel, geraspelte Karotten, Oliven oder was auch immer – verlässt zwar mehr und mehr die Originalrezeptur, aber das ist allenfalls drittrangig, Hauptsache, es schmeckt. Und zum guten Schluss oben-

Einkaufszettel

für vier Personen:

vier dicke Scheiben Brot

zwei Knoblauchzehen
zum Einreiben

fünf große Fleischtomaten

ein bis zwei Salatgurken

eine milde Gemüsezwiebel

zwei Stangen vom
Staudensellerie

gemischte Salatkräuter

nach Belieben:

Fenchel

Karotten

Oliven

Schafskäse

Salatsoße:

Olivenöl

Essig oder Zitrone

Salz, Pfeffer

Zucker

drüber zerbröckelter Schafskäse ist auch nicht
verboten.
Wir machen auf der Basis von Olivenöl eine
Salatsoße an, die durchaus – sei es durch
Zitrone oder Essig – eine herzhafte Säure
aufweisen darf. Salz, Pfeffer und eine Prise
Zucker dürfen nicht fehlen.
Ferner brauchen wir noch eine Handvoll
gehackter Kräuter – Petersilie, Basilikum,
Liebstöckel, Minze, Zitronenmelisse – und das
alles wird nun vermischt. Zehn Minuten
lassen wir den Salat durchziehen, damit die
Brotwürfel von der Salatsoße ein bisschen
etwas aufsaugen können, noch mal durch-
mischen – fertig.

Rollen aus Yufka-Teig

Vor kurzem bei einem Essen in der bayerischen Provinz: Einen jungen Koch langweilte es offensichtlich, im elterlichen Gasthaus immer nur Schweinshaxen zu braten und Semmelknödel in dicken Soßen zu versenken. Also schickte er sich an, kleine Kunstwerke zu kochen. Es gab ein wunderbares Brezelknödel-Savarin nebst einer Praline vom Ochsenschwanz. Und der junge Koch legte – als Beilage zur Pfifferlingsuppe – dem erstaunten Gast so eine Art bayerischer Frühlingsrolle auf den Teller. Diese bestand aus einer gehäuteten Weißwurst, die in hauchdünnen Yufka-Teig gewickelt, kross gebraten und mit einem Dipp aus süßem Senf garniert war.

Das schmeckte gar nicht schlecht. Vor allem aber: mein Interesse war wiedergeweckt an diesem feinen Teig türkischer Provenienz, den man abgepackt fertig kaufen kann und den man nie und nimmer selbst so dünn und so zart auswellen könnte. Also begann ich, Röllchen mit den verschiedensten Füllungen zu drehen, und siehe da: ruck-zuck waren Vorspeisen zubereitet, die sich sehen lassen können.

Am besten nimmt man Yufka-Teig-Blätter in dreieckiger Form. Wichtig: die Teigblätter müssen immer gut feucht gemacht werden,

sonst brechen sie beim Rollen. Einfach mit der nassen Hand über die Blätter streichen. Man legt ein Teigblatt dann so vor sich hin, dass die Spitze des Dreiecks von einem weg zeigt. Dann platziert man von der Füllung einen länglichen, fingerdicken Strang am unteren Rand (rechts und links müssen ein paar Zentimeter frei bleiben), wickelt einmal auf, schlägt dann die freien Enden von links und rechts in die Mitte und wickelt zu Ende. Man kann diese Rollen in der Pfanne in etwas Öl ringsum goldbraun braten. Vorsicht mit der Hitze, denn der Teig wird schnell schwarz. Oder man legt die Röllchen auf ein Backblech und schiebt das in den auf 200 Grad vorgeheizten Backofen, bis die Rollen sich braun färben, das dauert rund 20 Minuten. Bei dieser Methode braucht man kein Fett, dafür dauert es länger als in der Pfanne.

Und was füllt man hinein, wenn es keine Weißwurst sein soll? Die beiden folgenden Varianten haben mir sehr gut geschmeckt: Pilze werden klitzeklein gehackt und mit einer feingehackten Schalotte und etwas klein geschnittener Petersilie in der Pfanne kurz angebraten. Zwischenzeitlich rühren wir Frischkäse mit einem Eigelb und einem Spritzer Sahne glatt, salzen und pfeffern. Dann wird die abgekühlte Pilzmischung

Einkaufszettel

für vier Vorspeisen-
portionen:

12 dreieckige
Yufka-Teig-Blätter

200 Gramm frische Pilze

250 Gramm Frischkäse

eine Schalotte

etwas glatte Petersilie

ein Spritzer Sahne

Öl

Salz, Pfeffer

oder, statt der Pilze:

200 Gramm Crevetten-
oder Garnelenfleisch

darunter verrührt. Die Konsistenz dieser Masse muss noch streichfest und darf auf keinen Fall flüssig sein, also nur ganz wenig Sahne nehmen, sie dient nur dazu, dass der Frischkäse problemlos glatt gerührt werden kann.

Oder statt der Pilze nehme ich ein paar Garnelen oder Crevetten, hacke deren Fleisch ziemlich klein, brate es in der Pfanne kurz an und verrühre das ebenfalls mit der Mischung aus Frischkäse, Eigelb und Sahne.

Und im Übrigen sind der Phantasie beim Füllen der Röllchen wohl keine Grenzen gesetzt. Zwei bis drei Röllchen pro Person, ein paar Salatblätter dazu, und die Vorspeise ist gemacht.

Salat mit dicken weißen Bohnen

Dieser winterliche Salat mit weißen Bohnen schmeckt schon solo ausgezeichnet. Er passt aber – anstatt der üblichen Pellkartoffeln – auch sehr gut zu angemachtem Quark.

Die weißen Bohnen kommen, wenn die Zeit zum Einweichen und Kochen fehlt, aus dem Glas oder der Dose. Glasware hat den Vorteil, dass ich sehe, ob es schöne ganze und keine vermatschten Bohnen sind. Nicht die kleinen nehmen, eher Mittelgröße, der wahre Liebhaber dieser Hülsenfrucht greift ohnehin zu den Gigantes. Die Bohnen in ein Sieb schütten und mit kaltem Wasser kräftig abbrausen, bis der Schaum weg ist. In eine Schüssel geben und mit zwei Esslöffeln Essig besprenkeln und einmal umrühren. So dürfen sie durchziehen, bis die anderen Zutaten zubereitet sind. Durch dieses leichte Marinieren mit Essig bekommen sie einen besonders guten, frischen Geschmack.

Den Fenchel halbieren, den Strunk keilförmig herausschneiden und in dünne Streifen schneiden. Wenn das Fenchelgrün schön frisch ist, wird es nicht weggeworfen, sondern kommt in den Salat. Die Blattsalate – Feldsalat, Chicoree und Radicchio – putzen, waschen und trocken schleudern. Große Radicchioblätter zerrupfen, den Chicoree quer in Streifen schneiden. Den Apfel in kleine Würfel schneiden. Petersilie waschen, trocken schütteln, die Blätter abzupfen und grob hacken.

Für die Salatsoße die Schalotte sehr fein würfeln. Den Saft von einer halben Orange mit vier Esslöffeln Olivenöl, einem Spritzer Zitrone, Salz, Pfeffer und einer Prise Zucker gut verquirlen und die Schalottenwürfel unterrühren. Alle Zutaten in eine Schüssel geben, die Salatsoße darüber gießen und vermischen.

Auch den guten alten Bibbeleskäs kann man verhunzen, wenn man irgendeine Trockenkräutermischung dran gibt oder gar mit Fondor oder sonstigem Kunstdünger würzt. Außer Salz, Pfeffer und fein geschnittenem Schnittlauch muss eigentlich nichts dran. Wer mag, nimmt noch mikroskopisch fein gewürfelte Schalotten. Da Schnittlauch und Schalotten alle letztendlich zur selben Pflanzengattung gehören, genügt mir der Schnittlauch. Ich finde eine andere Variante, den Quark zu verfeinern, sehr apart: ich rühre zwei gehäufte Teelöffel geriebenen Meerrettich hinein. Das passt gerade zu dem Bohnensalat sehr gut.

Wichtiger ist mir beim Quark Folgendes: ich nehme mageren Quark anstatt fettem und rühre dann lieber noch einen guten Schuss

frische Sahne hinein. Etwas Flüssiges und
Leichtes muss ja ohnehin an den Quark,
sonst ist er zu fest und zu batzig. Also nehme
ich zusätzlich noch Joghurt und auch ein
bisschen Milch und rühre so lange, bis er die
richtige Konsistenz hat. Mit Salz und Pfeffer
abschmecken und zum Schluss den Schnittlauch und den Meerrettich untermischen.

Einkaufszettel

für vier Personen:

eine große Dose
oder ein großes Glas
dicke weiße Bohnen

eine mittelgroße
Fenchelknolle

ein Chicoree

ein kleiner Radicchio-Kopf

150 Gramm Feldsalat

ein Apfel

ein halber Bund
glatte Petersilie

zwei Esslöffel Essig

Salatsoße:

Saft von einer halben
Orange

vier Esslöffel Olivenöl

ein Spritzer Zitronensaft

Salz, Pfeffer

eine Prise Zucker

eine Schalotte

Quark:

500 Gramm Magerquark

ein halber oder auch ein
ganzer Becher Sahne

etwas Milch und Joghurt

zwei gehäufte Teelöffel
geriebener Meerrettich

Salz, Pfeffer

ein Bund Schnittlauch

STECHLS STANDGERICHT

21

Sauerampfersuppe

Man glaubt es ja kaum, aber es sprießen im Frühjahr tatsächlich auch noch andere Kräutlein als nur der Bärlauch. Als ich kürzlich auf der Speisekarte eines italienischen Restaurants in Freiburg so etwas Exotisches – und Leckeres – wie eine Sauerampfersuppe fand, war der Entschluss auch schon gefasst: dieses an Vitamin C reiche Knöterichgewächs hat es verdient, wieder mehr in den Mittelpunkt des kulinarischen Interesses gerückt zu werden. Denn wenn es um eine reizvolle Geschmacksvariante geht, muss er sich hinter dem aufdringlichen Knofelkraut nun wirklich nicht verstecken. Und schon gar nicht muss es sich verspotten lassen, wie weiland von Ringelnatz: »Am Bahndamm stand ein Sauerampfer, der sah nur Züge, keine Dampfer, der arme kleine Sauerampfer.« Eines allerdings muss ich noch vorwegschicken: Der Einkauf kann Mühe bereiten, denn unter zehn Bauernständen auf dem Markt, auf denen Berge von Bärlauch liegen, finden Sie gerade mal einen mit ein paar Sträußchen Sauerampfer im Angebot. Aber auch das kann sich ändern. Und selbst pflücken auf der Wiese ist ja auch erlaubt. Den Sauerampfer abbrausen und die dicken Stilenden abzwacken, dann die Blätter in dünne Streifen schneiden. Zwei, drei Blätter legen wir für Dekorationszwecke beiseite. Die Schalotte wird fein gehackt und in einem Topf in etwas Butter bei milder Hitze glasig gedünstet. Wenn die Schalotte fast fertig gedünstet ist, geben wir den Sauerampfer dazu, er soll noch kurz mitdünsten, ein bis zwei Minuten, das genügt. Nun wird mit der Brühe aufgegossen. Gemüsebrühe eignet sich am besten.

Die Suppe braucht eine leichte Bindung. Zwar kommt zum Schluss noch süße Sahne dran (keine Crème fraîche, denn Säure bringt der Ampfer genügend mit), aber nicht so viel, dass dies zum Binden ausreichen würde. Deshalb geben wir in die Brühe gleich noch eine Handvoll kleine Würfel von einer mehlig kochenden Kartoffel. Das lassen wir nun alles zusammen zehn bis fünfzehn Minuten köcheln. Dann kommt der Pürierstab kurz zum Einsatz. Nun wird die Sahne untergerührt, ein halber bis ein ganzer Becher, je nach persönlichem Geschmack. Und schon geht es ans Abschmecken. Salz und Pfeffer sind obligatorisch, was sich gut macht und die Säure schön abrundet und einbindet, ist eine Prise Zucker.

Wenn die Suppe in die Teller geschöpft ist, kommen noch ein paar feine Streifen frischer Sauerampfer oben drauf. Viele lieben es,

Einkaufszettel

für vier Personen:

200 Gramm Sauerampfer

eine Schalotte

ein Esslöffel Butter

eine mittelgroße mehlig
kochende Kartoffel

ein Liter Gemüsebrühe

ein Becher süße Sahne

Salz, Pfeffer

eine Prise Zucker

Kracherle:

zwei Scheiben Toastbrot

etwas Öl zum Rösten

wenn Suppen mit einem Klacks geschlagener
Sahne garniert werden. Hier passt es. Wer
mag, kann sie mit frisch in der Pfanne
gerösteten Kracherle noch etwas aufmöbeln.
Und wer eine noch aufwändigere Vorspeise
braucht: Lachswürfel, kurz angebraten und in
die Suppe gegeben, passen sehr gut zu deren
säuerlichem Aroma.
Wie viel Sauerampfer braucht man für vier
Teller Suppe? 200 Gramm sind ein guter
Mittelwert.
Und noch ein Tipp zum Schluss: Ein paar
Blätter frischen Sauerampfer, fein geschnitten,
in einen bunten Salat gemischt, gibt diesem
eine ausgesprochen reizvolle Note.

Blumenkohl mit Senfsauce

Kräftiges Wintergemüse ist eine perfekte Grundlage für ein vegetarisches Gericht. Wir servieren einen kompletten Blumenkohl und verfeinern ihn mit einer würzigen Soße. Den ihm angedichteten Ruf als ordinärer Stinker hat er völlig zu Unrecht. Wir müssen beim Einkauf nur auf frische Ware achten, und das bedeutet: daran schnuppern. Wenn es da dumpf riecht, ist er zu alt, da kann er noch so blütenweiß leuchten. Frischer Blumenkohl duftet mild und zurückhaltend. Seine feste Struktur verleitet dazu, ihn auf Vorrat zu kaufen. Das empfiehlt sich nicht. Schon nach wenigen Tagen im Kühlschrank wird sein Geruch immer penetranter.

Wir brauchen ein Exemplar, das mit Blättern rund eineinhalb Kilogramm wiegt. Zu Hause werden die grünen Blätter weggeschnitten, so dass ein gutes Kilogramm übrig bleibt. Den Strunk schneiden wir von unten kreuzweise ein. So wird er gerade so schnell gar wie die zarten Röschen und wir können ihn, wenn wir wollen, auch essen. In einem großen Topf wird Wasser zum Kochen gebracht. Dann geben wir Salz – etwa zwei gestrichene Esslöffel – und zwei Esslöffel weißen Essig hinein. Nun wird der Kohlkopf ins Wasser versenkt. Sobald das Wasser wieder aufkocht, drehen wir die Hitze zurück, so dass es gerade noch so blubbert. Der Deckel kommt auf den Topf und der Blick geht zur Uhr: Von jetzt an dauert es noch zehn Minuten, dann ist der Blumenkohl gar, nicht zu weich, aber auch nicht all zu al dente.

Wir heben ihn mit einer Siebkelle heraus, lassen ihn gut abtropfen und legen ihn auf eine Platte. Mit Alu-Folie abdecken und in den auf 80 Grad vorgewärmten Backofen stellen zum Warmhalten.

Zur Soße: Die Butter in einem Topf schmelzen, nicht braun werden lassen, dann das Mehl dazugeben und dabei immer rühren, bis sich beides miteinander verbunden hat. Nun geben wir vom Kochwasser unter kräftigem Einsatz des Schneebesens langsam einen halben Schöpfer dazu, sobald sich das mit der Butter-Mehl-Mischung verbunden hat noch mal einen halben Schöpfer, dann einen ganzen, dann noch einen ganzen, und schon müssten wir eine glatte, weiße Soße im Topf haben. Bei Klümpchenbildungen: durch ein Sieb in einen anderen Topf umschütten. Diese Soße köcheln wir zehn Minuten. Die endgültige Konsistenz wird entweder durch die Zugabe von Kochwasser oder durch weiteres Einkochen reguliert. Abgeschmeckt wird mit grobem Senf, etwas Zitronensaft, Muskat, Salz, Pfeffer, einer Prise Zucker und –

ein Blumenkohl von eineinhalb Kilogramm Gewicht (einschließlich der grünen Blätter)

zwei gestrichene Esslöffel Salz

zwei Esslöffel weißer Essig

Soße:

80 Gramm Butter

80 Gramm Mehl

Kochwasser vom Blumenkohl

ein bis zwei gehäufte Teelöffel grober Senf

Zitronensaft

Muskat

Salz, Pfeffer

Zucker

Currypulver

ein Bund Schnittlauch

zwei hart gekochte Eier

Beilage:

Salat und/oder Pellkartoffeln

wer mag – mit etwas Currypulver. Zwischenzeitlich haben wir noch zwei Eier hart gekocht und klein gehackt sowie Schnittlauch fein geschnitten.

Den Blumenkohl mit der Soße übergießen und mit den gehackten Eiern und dem Schnittlauch bestreuen. Wer Kalorien zählt, belässt es als Beilage bei einer Schüssel Salat, sonst passen Pellkartoffeln recht gut dazu.

Bohnen, Pfifferlinge, Tagliatelle

Bohnen und Pfifferlinge passen prima zusammen, denn beide mögen als Beigabe Zwiebeln und Knoblauch, und beide haben so kräftige Aromen, dass sie nebeneinander gut bestehen können, ohne dass das eine das andere überdeckt. Zusammen mit ein paar Gewürzen und dann mit Tagliatelle oder Spaghetti vermischt, ergibt das ein schnell gemachtes vegetarisches Sommeressen, das übrigens auch lauwarm noch bestens schmeckt, wenn man es beispielsweise in den Garten mitnehmen möchte.

Achtet man schon beim Einkauf der Pfifferlinge darauf, dass sie nicht völlig mit Walderde durchsetzt sind, dann ist das Putzen keine so große Arbeit. Mit einer Pilzbürste und einem Küchenmesser hat man drei- bis vierhundert Gramm – so viel brauchen wir – in einer viertel Stunde gesäubert. Wer die Pilze unbedingt noch mit Wasser abbrausen will, sollte das mindestens eine Stunde vor Kochbeginn erledigen, damit sie – auf einer Zeitung oder einem Tuch locker ausgebreitet – wieder trocknen können. Sonst spritzt es, wenn sie ins heiße Fett zum Anbraten kommen, wie wild.

Während wir die Pilze putzen, kochen die Bohnen in kräftig gesalzenem Wasser – ohne Deckel auf dem Topf, dann behalten sie ihre grüne Farbe besser. Und da sie zum Schluss ohnehin noch zum Erhitzen in die Pfanne kommen, können wir sie auch mit eiskaltem Wasser abschrecken, was die grüne Farbe zusätzlich stabilisiert. Die Bohnen werden in mundgerechte Stücke geschnippelt. Ob es Busch- oder Stangenbohnen sind, ist mir einerlei. Viel wichtiger finde ich, dass man dünne und zarte Bohnen nimmt, die noch keine großen Kerne entwickelt haben.

Die Frühlingszwiebeln werden in dünne Rädchen geschnitten, die Knoblauchzehen und die Petersilie werden fein gehackt. Nun gießen wir in eine große Pfanne einen Schuss Olivenöl und geben auf dem Herd Vollgas. Die Pilze ins sehr, sehr heiße Öl geben und zwei Minuten richtig scharf anbraten. Wer keine ganz große Pfanne hat, erledigt das am besten in zwei Portionen, da die Pilze sonst Wasser ziehen. Dann die Hitze reduzieren und, wenn die Pfanne etwas abgekühlt ist, die Zwiebeln und den Knoblauch dazugeben und unter gelegentlichem Rühren fertig garen. Das dauert etwa fünf Minuten. Vorsicht, dass Zwiebeln und Knoblauch nicht zu dunkel werden.

Nun kommen die Bohnen dazu, ferner die Petersilie, alles vermischen, und dann wird abgeschmeckt mit Salz, Pfeffer und Muskat-

Einkaufszettel

für vier Personen:

500 Gramm
frische Bohnen

300 bis 400 Gramm
frische Pfifferlinge

sechs bis acht
Frühlingszwiebeln

zwei bis drei
Knoblauchzehen

ein Bund glatte Petersilie

Salz, Pfeffer

Muskatnuss

zwei gehäufte Esslöffel
Crème fraîche

ein kleiner Schuss Sherry

etwas Butter

Olivenöl zum Braten

400 Gramm Tagliatelle
oder Spaghetti

nuss. Und damit das ganze zum Schluss nicht zu trocken ist, geben wir Crème fraîche dazu, zwei gehäufte Esslöffel, die wir zuvor mit vier Esslöffeln Wasser verrührt haben. Ein kleiner Schuss Sherry macht als abrundende Würze übrigens eine sehr gute Figur. Und, was dem Pilz- und Bohnenaroma ebenfalls förderlich ist: wir geben noch ein Stück Butter in die Pfanne.

Zwischendurch haben wir die Tagliatelle gekocht. Wenn die Bohnen-Pfifferling-Mischung schön heiß und durchgezogen ist, wird diese zum guten Schluss mit den Tagliatelle vermischt.

Gefüllte Kartoffelpuffer

Beim Zürcher Geschnetzelten stehen sie in der zweiten Reihe – die Rösti als die klassische Beilage zum Schweizer Nationalgericht. Hier nun rücken sie – als Kartoffelpuffer, Reibekuchen, Reiberdatschi oder wie sie sonst noch genannt werden – in den Mittelpunkt unseres Interesses, zumal sie auch noch eine Füllung bekommen und damit zusammen mit einer Schüssel Salat einen prima Hauptgang abgeben. Vom klassischen Schweizer Rösti unterscheiden sich diese deutschen Varianten vor allem dadurch, dass Eier und eine Spur Mehl zur Bindung beigegeben werden.

Die Schalotten werden in sehr feine Streifen geschnitten. Die Eier werden zerkleppert und mit Salz, Pfeffer und Muskat kräftig gewürzt. Bei den Kartoffeln sollte man zu einer eher mehligen Sorte greifen. Diese haben bis zu doppelt so viel Stärke wie festkochende Sorten. Das sorgt für zusätzlichen Zusammenhalt bei den Puffern. Die rohen Kartoffeln werden geschält und geraspelt. Je feiner man raspelt, desto breiartiger wird die Konsistenz, je grober man raspelt, desto mehr Struktur bekommen die Puffer. Letzteres schmeckt mir besser. Auf jeden Fall sollte man zügig arbeiten, damit die Kartoffelmasse nicht oxydiert und braun wird. Das wirkt sich nicht nur optisch, sondern auch auf den Geschmack negativ aus. Die geriebenen Kartoffeln in ein Küchentuch geben und einmal kräftig ausdrücken. Durch diesen Wasserentzug werden die Puffer etwas fester.

Dann die Kartoffelmasse in eine Schüssel geben, mit den Fingern auflockern, die Schalotten untermischen, das Mehl mit einem Teesieb gleichmäßig darüber stäuben, dann die verquirlten Eier dazu geben und alles gut und gleichmäßig miteinander vermengen. In einer Pfanne Öl heiß, aber nicht zu heiß erhitzen (sonst werden die Zwiebelstückchen schwarz statt braun), pro Kartoffelpuffer jeweils ein bis zwei Esslöffel von der Masse nehmen, in die Pfanne geben, flach und rund drücken und pro Seite etwa fünf Minuten goldgelb braten. Die fertigen Puffer im Backofen warm stellen.

Nun wird die Hälfte der Kartoffelpuffer nebeneinander auf ein Backblech gelegt. Da kommt nun jeweils eine dünne Scheibe von einem kräftigen Käse drauf, Gouda oder Emmentaler machen sich gut, ferner ein bis zwei nicht zu dicke Tomantenscheiben, und dann wird mit einer Prise Oregano gewürzt. Oregano passt zu Kartoffeln so perfekt wie zu Tomaten, das ideale Gewürz also. Dann kommt noch etwas Grünes dazu – ein paar

800 Gramm mittelfeste
bis mehlige Kartoffeln

zwei Schalotten

ein gehäufter Esslöffel Mehl

zwei Eier

Salz, Pfeffer

Muskat

Öl zum Braten

Füllung:

300 Gramm geschnittener
Käse (Edamer oder Gouda)

drei Fleischtomaten

Oregano

Petersilie oder Basilikum

bei Bedarf Schinken
und Spiegeleier

Petersilie- oder Basilikumblätter zum Beispiel.
Die zweite Hälfte der Kartoffelpuffer kommt
als Deckel oben drauf. Nun wird das noch im
Backofen ein paar Minuten überbacken oder
übergrillt. Sobald der Käse anfängt zu
schmelzen, also nach etwa fünf Minuten, ist
alles fertig.
Und wer partout keine Lust auf ein vegetarisches Essen hat, kann zum Käse auch noch
eine Scheibe Schinken dazufügen. Und wenn
es so richtig satt machen soll, spricht nichts
dagegen, jeden Kartoffelpuffer-Doppel-Burger
auch noch mit einem Spiegelei zu krönen.

Gefüllte Paprika

Wer sich einmal über die Produktionsverhältnisse beim Gemüseanbau im Süden Spaniens im weiten Umfeld der Stadt Murcia informiert hat (das gilt für die menschenunwürdigen Arbeitsbedingungen der Erntehelfer genau so wie für die extreme Landschaftsverschandelung, vom Transportweg einmal abgesehen), der kann Gemüse aus dieser Gegend nicht mehr mit gutem Gewissen einkaufen. Nun stammt von dort jedoch ein Großteil der allseits beliebten Paprikaschoten, auf die wir nur ungern verzichten mögen. Aber auch in diesem Bereich kommt von südbadischen Bauern mittlerweile Abhilfe: sie bauen Paprika an, als wäre das schon immer ein einheimisches Gemüse und als läge das Markgräflerland am Mittelmeer. Im Sommer ist hier Erntezeit. Und deshalb können wir uns in dieser Jahreszeit auch gefüllte Paprika wieder richtig schmecken lassen.

Da die auf unseren Bauernmärkten angebotenen Schoten nicht so präzise genormt sind wie die nach EU-Vorschriften sortierte Importware, brauchen wir je nach Größe zwischen einer und drei Schoten pro Person. Sie werden gewaschen, dann wird mit einem glatten Schnitt der Deckel abgeschnitten. Mit einem Teelöffel werden die Kerne heraus gekratzt. Zur Füllung: auf Hackfleisch kann man verzichten. Wem es mit besser schmeckt, halbiert die Reismenge und brät stattdessen 250 Gramm Hackfleisch an und mischt dieses dann unter die ansonsten unveränderte Füllung.

Die Tomaten werden gewaschen und dann klein gewürfelt. Schalotten und Knoblauch werden gehäutet und fein gehackt. In einem Topf werden Knofel und Schalotten in etwas Olivenöl glasig angedünstet, dann kommen die Tomatenwürfel mitsamt dem Tomatenwasser und den Kernen dazu, alles zusammen drei bis vier Minuten köcheln lassen. In dieser Zeit werden Petersilie, Basilikum, Minze, Liebstöckel, Koriander, Thymian und was uns sonst noch alles an würzigen Kräutern in die Finger fällt abgebraust, trocken geschüttelt und klein geschnitten. Sie kommen ebenfalls kurz mit in den Topf. Mit Salz, Pfeffer, je einer Prise Zimt und Zucker sowie je einem Spritzer Zitronensaft, Balsamico-Essig und Tabasco wird abgeschmeckt. Nebenbei haben wir zweieinhalb Tassen Reis al dente gekocht. In den fertig gekochten Reis rühren wir zehn Zentimeter Tomatenmark aus der Tube. Dann schütten wir den Reis in den Topf mit den Tomatenwürfeln und vermischen alles gründlich. Mit dieser Füllung werden alle Paprikaschoten randvoll gemacht,

Einkaufszettel

für vier Personen:

je nach Größe vier bis zwölf
Paprikaschoten

Füllung:

drei große Fleischtomaten

drei Schalotten

zwei Knoblauchzehen

eine bunte Kräuter-
mischung, insgesamt
mindestens eine Hand voll
(z.B. Petersilie, Basilikum,
Minze, Liebstöckel,
Koriander, Thymian)

Salz, Pfeffer

Zimt

Zucker

Zitronensaft

Balsamico-Essig

Tabasco

zweieinhalb Tassen Reis

Tomatenmark

Olivenöl zum Braten

die Deckel aufsetzen und dann die Schoten
nebeneinander aufrecht in einen leicht ein-
gölten Bräter oder eine Auflaufform stellen.
Wenn von der Füllung etwas übrig bleibt,
kann man die noch rings um die Schoten im
Bräter verteilen.
Den Backofen auf 200 Grad vorheizen und
die Schoten auf der mittleren Einschubleiste
rund eine Stunde garen. Gelegentlich
kontrollieren, damit die Paprika oder die
darum verteilte restliche Füllung nicht
anbrennen. Falls hier Gefahr droht, wird ein
bisschen Flüssigkeit angegossen.

Gemüse-Risotto

Risotto kommt bei uns meist als Beilage zum Einsatz, etwa beim Klassiker Safran-Risotto zum Ossobucco. Risotto macht aber auch als Solist eine tadellose Figur, beispielsweise dann, wenn man es kräftig abschmeckt und dann noch mit Gemüse ordentlich aufmöbelt. Als Gemüse passt alles, was Saison hat: die letzten grünen Spargel, frische Erbsen, Zuckerschoten, Frühlingszwiebeln, kleine Artischocken, dicke Bohnen und, und, und. Und als Würze für den Risotto nehme ich Basilikum-Pesto.

Als erstes werden die Gemüse vorbereitet. Sie werden geputzt und dann getrennt so gegart, dass sie durch sind, aber noch Biss haben. Das geschieht alles im kochenden Salzwasser, mit zwei Ausnahmen: die Frühlingszwiebeln werden in der Pfanne gebraten. Ebenso die Artischocken, vorausgesetzt, es sind die ganz kleinen, die gerade mal so groß sind wie ein dickes Hühnerei. Die äußeren Blätter bricht man weg, die Spitzen der restlichen Blätter schneidet man ab und dann schneidet man die Artischocke der Länge nach in sehr dünne Scheiben. Diese werden nun auf beiden Seiten in Olivenöl kräftig knusprig gebraten. Dann wird der Risotto gerührt. Die Zubereitung ist unkompliziert, aber rühren muss man, gut zwanzig Minuten lang, locker aus

dem Handgelenk. Und den richtigen Reis braucht man. Kein Basmati, kein Patna, kein Wildreis, sondern eine Risottoreissorte wie Arborio oder Vialone.

Mindestens ein Liter heiße Gemüsebrühe muss griffbereit auf dem Herd stehen. Dann werden die Schalotten fein gewürfelt und in Olivenöl in einem Topf glasig gedünstet. Sobald sie hellgelb werden, kommt der Reis dazu. Man lässt ihn zwei Minuten mitdünsten und rührt dabei um. Nun wird mit dem Wein abgelöscht. Kräftig rühren. Im Nu ist es im Topf wieder trocken. Nun muss sofort von der heißen Brühe dran, etwa ein Viertelliter. Und es wird wieder gerührt, bis diese Flüssigkeit vom Reis fast gänzlich aufgenommen ist. Dann kommt wieder ein kräftiger Schuss von der Brühe in den Topf, und weiter rühren, bis auch diese Flüssigkeit wieder fast weg ist, und so geht es in einem fort, so lange, bis der Reis den gewünschten Garzustand hat – nicht zu hart, nicht zu weich, noch mit einem ganz kleinen Biss.

Diese Rührerei ist wichtig, denn so löst sich vom Rand der Reiskörner Stärke, und diese ergibt die sämige Konsistenz. Im Inneren aber bleibt der Reis kernig. Zum Schluss rührt man Sahne und Butter ein. Dann wird die endgültige Konsistenz bestimmt: eher flüssig, so

Einkaufszettel

für vier Personen:

300 Gramm Risottoreis

zwei Schalotten

ein Achtelliter
trockener Weißwein

gut ein Liter Gemüsebrühe

ein Drittel Becher Sahne

50 Gramm Butter

insgesamt 500 Gramm
bunt gemischtes
grünes Gemüse wie
Frühlingszwiebeln,
Zuckerschoten, Erbsen,
Artischocken

100 Gramm frisch
geriebener Parmesan

ein bis zwei Esslöffel Pesto

Salz, Pfeffer

Olivenöl

dass er auf dem Teller zerläuft, oder fester. Das regelt man durch die abschließende Beigabe von Brühe. Zwischendurch wird abgeschmeckt. Fehlt Salz?
Dann werden noch ein bis zwei Esslöffel Pesto unter den Risotto gerührt. Eigentlich schmeckt er so schon recht gut. Aber nun kommen noch die Gemüse dazu, alles noch mal durchrühren. Mit frisch geriebenem Parmesan bestreuen, mit grobem Pfeffer würzen und als Krönung ein Schuss fruchtiges Olivenöl oben drauf geben.

Grünkernbratlinge

Manchen Speisen werden Namen verpasst, die man seinen Feinden nicht zumuten möchte. Vor allem bei vegetarischen Gerichten beschleicht mich mitunter der Verdacht, schon die Bezeichnung solle darauf aufmerksam machen, dass mit dem Verzehr ganz bestimmt kein Genuss verbunden ist. Der Grünkernbratling ist so ein Fall und in seiner sprachlichen Eleganz und kulinarischen Verheißung allenfalls noch von der legendären ostzonalen Sättigungsbeilage zu übertreffen. Das ist schade, denn ein gut gewürztes Grünkernplätzchen oder Grünkernküchle hat mit seinem leicht nussig-rauchigen Grundaroma einen geschmacklichen Reiz, der es mit dem klassischen Fleischküchle ohne weiteres aufnehmen kann.

Ausgangsbasis ist Grünkernschrot. Er sollte nicht zu fein geschrotet sein, denn je gröber der Schrot, desto lockerer werden die Küchle. Mit Grünkernmehl wird alles pampig. Es schadet auch nicht, wenn ein Teil des Grünkerns, vielleicht zehn Prozent, aus ganzen Körnern besteht. Wer keinen Grünkernschrot findet, behilft sich mit dem im Handel etwas weiter verbreiteten Bulgur (Weizenschrot). Das ergibt allenfalls geschmackliche Nuancen, aber keinen qualitativen Unterschied. Auf jeden Fall müssen Schrot oder Körner ent-

sprechend der Packungsangaben eingeweicht oder kurz gekocht werden. Sie müssen so weich oder kernig sein, wie man es haben möchte, denn das spätere Braten in der Pfanne macht den Schrot nicht mehr weiter weich. Wer statt Wasser Gemüsebrühe nimmt, tut zusätzlich etwas für den Geschmack.

Die Möhren werden geputzt und fein geraspelt, die Schalotten klein gewürfelt und in Butter goldgelb angedünstet, die Eier werden mit einer Gabel zusammen mit der sauren Sahne verkleppert. Dann werden alle Zutaten, also der gut abgetropfte Schrot, Möhren, Schalotten, Eier, geriebener Parmesan, Salz, Pfeffer und die Gewürze mit allen zehn Fingern locker vermischt. Der Schrot darf dabei nur noch handwarm sein, sonst gerinnen die Eier.

Zu den Gewürzen: Auf Knoblauch kann ich gut verzichten, aber ein paar frische Kräuter sind ein Muss. Mein Favorit bei diesen Grünkernklopsen ist frischer Majoran. Nicht zu viel, er schmeckt kräftig, aber zwei gehäufte Teelöffel grob zerschnittener Blätter dürfen es schon sein. Wer wegen der frischen Eier die Masse roh nicht abschmecken möchte, brät einen Teelöffel voll in der Pfanne an. Das ist auch deshalb sinnvoll, da man so auch die

Einkaufszettel

für vier Personen:

350 Gramm
Grünkernschrot

200 Gramm Möhren

50 Gramm saure Sahne

100 Gramm
geriebener Parmesan

vier bis fünf Eier

zwei Schalotten

Salz, Pfeffer

Kräuter (Majoran)

Olivenöl oder Butter
zum Braten

Gemüsebrühe zum
Einweichen des Schrotes

Konsistenz testen kann, ob die Masse zusammenhält oder auseinander fällt. Im letzteren Fall wird noch ein weiteres Ei zur Bindung untergerührt. Auch die Frage, ob richtig gewürzt ist, lässt sich in gebratenem Zustand eindeutiger beantworten, da sich durch die Hitze Gewürze ganz anders entfalten als in kaltem Zustand.

Diese Masse lassen wir nun fünf Minuten ruhen, das schafft etwas zusätzliche Bindung, was die weitere Verarbeitung erleichtert. Dann formen wir mit immer wieder angefeuchteten Händen Kugeln, halb so groß wie Tennisbälle, drücken diese leicht flach und braten sie in Olivenöl oder Butter auf jeder Seite etwa fünf Minuten goldbraun an. Beilage? Da passt Gemüse jedweder Art.

Linsen

in Buttersauce mit Bandnudeln

Heute wandeln wir das schwäbische Nationalgericht Linsen mit Spätzle etwas ab, polieren
es ein bisschen auf und servieren es zudem
vegetarisch. Die Saitenwürstchen entfallen
also, im Gegenzug widmen wir der Soße
mehr Aufmerksamkeit.

Erster Arbeitsgang: wir schneiden die Butter in
kleine Würfel und stellen sie im Kühlschrank
kalt. Die brauchen wir nachher für die Soße.
Bei den Linsen greifen wir nicht zu den
groben Tellerlinsen, sondern, wie hier üblich,
zu den kleinen grünen aus dem französi-
schen Le Puy, oder aber zu den kleinen
braunen italienischen Berglinsen. Die
schmecken halt einfach besser. Die Linsen
werden nach der Packungsangabe in Salzwasser weichgekocht. Leider fehlt dort immer
der Hinweis, dass unbedingt ein Lorbeerblatt
ins Kochwasser gehört.

Für die Buttersauce schälen wir eine
Schalotte, würfeln sie grob, erhitzen einen
halben Liter trockenen Weißwein, geben die
Schalotten hinein und lassen das dann so
lange kräftig kochen, bis rund 80 Prozent des
Weines verdunstet sind. Lieber ein bisschen
stärker einkochen als zu wenig. Beim Wein
nehmen wir einen nicht zu säurebetonten.
Die Säure verdunstet nämlich nicht, sondern
sie konzentriert sich. Mit einem Riesling

würde die Soße zu sauer. Ein Gutedel eignet
sich bestens, auch ein leichter Weißburgunder
darf es sein. Wenn er nicht knochentrocken
ist, sondern etwas Restsüße hat, schadet das
auch nicht.

Dann werden die Schalotten abgesiebt. Sie
haben ihren Dienst getan. Nun kommt der
Pürierstab zum Einsatz. Mit ihm wird nach
und nach ein Butterstück nach dem anderen
in den eingekochten Wein hinein püriert.
Wenn eines geschmolzen ist, das nächste
Butterstück hineingeben. Dabei bleibt der
Topf auf dem Herd, denn die Butter ist kalt,
die Soße soll aber zum Schluss heiß sein, und
deshalb muss immer Hitze nachgeführt
werden. Allerdings nicht zu viel, denn aufkochen darf die Soße nicht mehr, sonst fällt
sie auseinander, das heißt, dass sich das
Butterfett absondert. Die Temperatur
kontrolliert man, indem man immer mal
wieder eine Fingerspitze in die Soße tunkt.
Klingt kompliziert, ist aber ganz einfach.
Wenn alle Butter aufgebraucht ist, müsste die
Soße abgebunden sein und eine leicht
sämige Konsistenz haben. Falls nicht: einfach
noch ein paar kalte Butterstückchen hinein-
mixen. Nun wird abgeschmeckt, und zwar mit
mindestens einem gehäuften Teelöffel scharfem Senf, der ebenfalls hineinpüriert wird,

Einkaufszettel

für vier Personen:

250 Gramm Bandnudeln

250 Gramm Linsen

ein Lorbeerblatt

einige Zweige Thymian

Soße:

ein halber Liter trockener,
fruchtiger Weißwein
(z.B. Gutedel oder
Weißburgunder)

eine Schalotte

200 Gramm
kühlschrankkalte Butter

ein gehäufter Teelöffel
scharfer Senf

ein viertel Becher Sahne

Zucker

Muskat

Salz, Pfeffer

100 Gramm frisch
geriebener Parmesan

einem kleinen Schuss Sahne, ferner mit Salz,
Pfeffer, einer Prise Zucker und einem Hauch
Muskat. So, die müsste nun richtig gut
schmecken.
Zwischenzeitlich haben wir auch die Bandnudeln gekocht. Nun geben wir die Linsen in
die Soße und erwärmen alles zusammen. Als
finale Aktion werden die Thymianblättchen zu
den Linsen gestreut. Nun wird eine Portion
Nudeln auf jeden Teller gehäuft und mit
einem Schöpfer von den Linsen überzogen.
Mit dem frisch geriebenen Parmesan
bestreuen.

Pasta aus dem Ofen

Frischer Spinat und Ricotta machen aus dem Allerweltsgericht Nudelauflauf einen raffinierten Genuss.

Es mag ja sein, dass Nudelaufläufe keinen besonders guten kulinarischen Ruf haben. Aber auch hier kommt es auf die richtigen Zutaten an – vor allem aber auf ein bisschen Raffinesse beim Würzen. Und schon schmeckt auch so ein Allerweltsgericht besser, als wir es in unserer Erinnerung abgespeichert haben.

Die Bandnudeln werden in reichlich Salzwasser gekocht, aber nur al dente, denn sie garen noch etwas nach, wenn der Auflauf später im Backofen gratiniert. Die Karotten werden geputzt und in dünne Scheiben oder Streifen geschnitten. In Salzwasser werden sie gekocht, aber auch nur halbgar, so dass sie noch Biss haben. Während der letzten zwei Minuten kommen noch die Tiefkühl-Erbsen dazu, die sind im Nu gar. Das Kochwasser nicht wegschütten, wir brauchen es noch für die Soße.

Die Schalotte wird fein geschnitten, in einer Pfanne in etwas Öl glasig angedünstet, dann kommt der Spinat dazu, ein paar Minuten mitgaren lassen und mit Salz, Pfeffer und Muskat gut würzen. Eine Knoblauchzehe kann, muss aber nicht sein. Den Spinat in ein Sieb geben und mit dem Rücken eines Suppenschöpfers sehr gut ausdrücken. Den Spinat auseinander zupfen und mit den Karotten und den Erbsen mischen.

Zur Sauce: Den Ricotta mit dem Ei in einer Schüssel mit dem Schneebesten glatt rühren und dann nach und nach einen Viertelliter vom Karotten-Erbsen-Kochwasser hineinrühren. Das Wasser darf nur noch handwarm sein, damit das Ei nicht gerinnt. Mit Salz, Pfeffer, ein paar Spritzern Zitronensaft und dem Meerrettich wird die Soße herzhaft abgeschmeckt. Wer keinen Meerrechttich mag, kann auch hundert Gramm Gorgonzola fein zerbröseln und hineinrühren, auch das bringt einen guten Geschmack an die Sache.

Die Gratinform wird ausgebuttert, und dann schichten wir die Zutaten hinein: zunächst eine Lage Nudeln, dann eine Lage Gemüsemischung, dann wird etwas Sauce darauf verteilt, dann wieder Nudeln und so weiter, bis alles verbraucht ist. Bei den angegebenen Mengen werden es zwei bis drei solcher Schichten werden. Zum Schluss den Rest der Sauce verteilen, und dann kommt noch die Reibekäse-Semmelbrösel-Mischung oben drauf. Hierzu haben wir Käse und Semmelbrösel einfach miteinander vermengt. Krönender Abschluss sind ein paar gleich-

für eine Gratinform von etwa 20 mal 30 Zentimetern (reicht für vier Personen):

250 Gramm Bandnudeln

je 200 Gramm Karotten, Spinat und Erbsen, wobei die beiden Letzteren auch aus der Tiefkühltruhe kommen können

eine Schalotte

Sauce:

ein Viertelliter Gemüsebrühe

250 Gramm Ricotta (italienischer Frischkäse)

ein Ei

ein gehäufter Esslöffel geriebener Meerrettich oder 100 Gramm Gorgonzola

Saft von einer halben Zitrone

Zum Überbacken:

je 50 Gramm Semmelbrösel und geriebener Emmentaler

ein paar Butterflocken

Butter zum Ausbuttern der Form

Öl

Salz, Pfeffer

Muskat

mäßig verteilte Butterflocken. Das kommt nun in den auf 220 Grad vorgeheizten Backofen, mittlere Einschubleiste. Nach 40 Minuten ist der Auflauf fertig und oben, wie es sein soll, schön goldbraun überbacken. Tritt die Braunfärbung früher ein, wird mit Alufolie abgedeckt.

Was gibt es dazu? Eine Schüssel Salat allemal. Wer den Auflauf etwas saftiger mag, ist mit einer Tomatensoße gut bedient. Oder aber Ketchup, warum nicht? Das zumindest war der klare Favorit des Sohnes unserer Nachbarn.

Pochiertes Ei

Der unaufhaltsam anschwellenden Flut von Spargelrezepten möchte ich hier kein weiteres hinzufügen. Es geht mir heute nur um eine Beilage, die besonders gut zu Spargel passt, aber auch zu anderem gebratenem oder kurz gekochtem Gemüse eine gute Figur macht: das pochierte oder auch verlorene Ei. Das pochierte Ei ist wegen seiner Konsistenz weder mit einem hart gekochten noch mit einem wachsweich gekochten Ei zu vergleichen, mit einem Spiegel- oder Rührei schon gleich gar nicht. Und weil es in einem deutlich essigsauren Wasser gar zieht, hat es auch eine eigene Geschmacksnote. Dass das Aroma von Eiern zu Spargel passt, ist bekannt: in der Sauce Hollandaise sind etliche verarbeitet, ebenso in der Sauce gribiche, die zu kaltem Spargel wunderbar schmeckt. Und auch der Geschmack von Butter, ebenfalls ein Spargel-Muss, wird zum Schluss in Gestalt einer Nussbutter hinzugefügt.

Um vier Eier zu pochieren, brauchen wir einen großen Topf voll mit leicht köchelndem Wasser. Lieber den Topf eine Nummer größer nehmen als eine zu klein. In das Wasser kommen – auf einen Liter gerechnet – drei Esslöffel weißer Essig. Man kann auch Rotweinessig nehmen. Am Geschmack ändert sich nichts, nur die pochierten Eier sehen dann

unappetitlich aus. Salz kommt nicht ins Wasser, denn es vermindert die Fähigkeit des Eiweißes, schnell zu gerinnen.

Ein wichtiger Hinweis: Die Eier müssen top frisch sein. Denn: je frischer das Ei, desto strammer liegt das Eiweiß um den Dotter herum, und desto weniger verläuft und zerfleddert es im Wasser.

Nun kommt der eigentliche Akt: Man schlägt die Eier auf und lässt sie gerade so (ohne Schale!) ins heiße Wasser gleiten. Im Nu gerinnt das Eiweiß und legt sich schützen um den Dotter. Zum Schluss muss das Eiweiß gestockt, der Dotter innen noch flüssig sein. Die Eiweißschlieren, die nun rings um den Dotter herum wabern, müssen uns nicht beunruhigen: sie legen sich später, wenn das Ei mit einer Siebkelle aus dem Wasser gefischt wird, geschmeidig um den Dotter herum. Damit das alles klappt – und es muss ja schnell gehen, damit alle vier Eier ruckzuck ins heiße Wasser kommen und somit auch gleichzeitig fertig werden – müssen wir uns eines kleinen Tricks bedienen: alle Eier werden zuvor aufgeschlagen, jedes für sich in eine Tasse oder ein Schälchen. So vorbereitet, kann man sie schnell eines nach dem anderen ins Wasser gleiten lassen. Nach drei – bei kleinen Eiern nach gut zwei – Minuten

Einkaufszettel

für vier Personen
als Vorspeise:

ein Pfund Spargel

vier Eier

weißer Essig

100 Gramm Butter
für die Nussbutter

kommt die Siebkelle zum Einsatz: Man fischt die nun pochierten Eier heraus, lässt sie gut abtropfen, legt sie noch kurz auf Küchekrepp, damit sie etwas abtrocknen, und so werden sie auf den Spargel platziert. Wenn man nun den Dotter ansticht und dieser noch warm auf den Spargel fließt, ist der Genuss perfekt. Fast perfekt. Denn wir haben noch ein bisschen Nussbutter vorbereitet, von der jeweils ein Esslöffel über das pochierte Ei und über den Spargel geträufelt wird. Nussbutter hat nichts mit Nüssen zu tun. Es ist ganz einfach zerlassene, gebräunte Butter, die genau dann richtig ist, wenn sie die Farbe von Haselnüssen angenommen hat. Beurre noisette nennen sie Franzosen deshalb, alleine der Farbe wegen.

Ravioli

Ravioli aus eigener Produktion sind immer etwas Besonderes. Nicht nur wenn Gäste kommen, machen sie einfach mehr her als Nudeln mit einem Sugo, wenngleich die Bestandteile weitgehend identisch sind. Ihre Zubereitung gilt als relativ schwierig – was aber ganz sicher dann nicht stimmt, wenn man beim Teig zum Fertigprodukt greift. Wenn ich nicht einen halben Tag in der Küche verbringen möchte, nehme ich abgepackten, ausgewallten Nudelteig von der Rolle (bitte keinen Kuchenteig und auch keine Lasagneblätter, die sind zu dick).

Ich bereite lieber für jeden Esser zwei bis drei große Exemplare zu (sie dürfen gerne die Größe einer Handfläche haben) als die doppelte oder dreifache Menge an kleinen Ravioli. Zwei Gründe sprechen dafür: es macht weniger Arbeit und das Verhältnis der leckeren Füllung zum Teig ist viel besser.

Zur Füllung kann man alles verarbeiten, worauf man Lust hat. Fleisch, Fisch, vegetarisch, alles geht. In Italien habe ich schon süße Ravioli gegessen, mit einer leicht gezuckerten Kürbis-Füllung. Schmeckt prima. Wichtig ist bei der Ravioli-Füllung nur eines: Sie darf nicht wässrig sein, sondern muss eine gebundene Konsistenz haben. Man muss mit dem Löffel ein Häufchen der Füllung auf die Teig-platte setzen können, ohne dass sie verläuft.

Ich schlage eine Füllung aus Pfifferlingen vor. Die Pilze werden geputzt und in kleine Stücke gehackt. Diese werden kräftig in Öl angebraten. Sie dürfen ruhig zehn Minuten in der Pfanne schmurgeln, damit sie Wasser verlieren. Aus der Pfanne schütten und in dieser nun bei geringerer Hitze die fein gehackten Schalotten und den Knofel goldgelb dünsten. Dann die gebratenen Pilze dazu geben, ferner die gehackte Petersilie, dann die Crème fraîche einrühren und mit Salz, Pfeffer, ein bisschen frischem Thymian und einem Hauch abgeriebener Zitronenschale würzen.

Den Nudelteig in Rechtecke der gewünschten Größe schneiden oder – wenn man halbrunde Ravioli möchte – mit einem umgedrehten Glas runde Stücke ausstechen. Den Rand einen Zentimeter breit mit dem Finger gut mit Wasser einstreichen, so dass der Teig ein bisschen anweicht. Dann ein Häufchen Füllung auf die Teigplatte legen, zusammenklappen und die Ränder fest zusammendrücken. Vielleicht noch mit den Zinken einer Gabel nachhelfen. Dann hält es bestimmt, und es sieht auch noch hübsch aus. Oft wird empfohlen, den Rand mit Eiweiß zu bestreichen, das klebe besser und so würden die Ränder sicherer zusammenhalten. Ich hab's noch

Einkaufszettel

für vier Personen:

Zwei Rollen Nudelteig

Füllung:

300 Gramm Pfifferlinge

drei Schalotten

eine Knoblauchzehe

ein Bund glatte Petersilie

drei gehäufte Esslöffel Crème fraîche

etwas abgeriebene Zitronenschale

ein bisschen Thymian

Salz, Pfeffer

Zum Anbraten der Ravioli:

Butter

Petersilie oder Salbei

nie so gemacht, es hat auch mit Wasser immer gehalten.

Die Ravioli rund sechs Minuten im sanft sprudelnden Salzwasser köcheln, mit einer Siebkelle herausnehmen und dann noch in der Pfanne in aufgeschäumter Butter kurz anbraten. In die Butter kommt gehackte Petersilie oder Salbei, und wenn von der Füllung etwas übrig ist, dann gibt man das auch noch dazu. Dieses finale Anbraten in der Pfanne gibt den Ravioli dann noch einen Kick beim Geschmack.

Saure Kartoffelrädle

Einfach, schlicht und vegetarisch – ein Teller voll mit sauren Kartoffelrädle und dazu eine Schüssel Salat.

Am besten eignen sich halbfest oder fest kochende Kartoffelsorten. Die Rädle sollen in der Soße ihre Struktur behalten und nicht zu sehr zerfallen, sonst wird das Gericht am Ende unansehnlich. Die Kartoffeln werden in der Schale gekocht und, nachdem sie etwas ausgekühlt sind, gepellt und in nicht zu dünne Scheiben geschnitten.

Die Soße: Grundlage ist die klassische Béchamel-Soße, die aus Butter, Mehl und Brühe – in diesem Fall Gemüsebrühe – besteht. Zunächst wird die Butter in einem Topf geschmolzen. Sie soll nur flüssig werden und aufschäumen, aber nicht braun werden. Dann wird das Mehl hineingesiebt, es wird kräftig gerührt, dabei saugt die flüssige Butter das Mehl vollständig auf, beide verbinden sich und auf dem Topfboden ist es nun fast trocken. Das gelingt nach der Faustformel, indem man vom Mehl und von der Butter jeweils dieselbe Menge nimmt. Zur Sicherheit jedoch wird das Mehl nach und nach hineingegeben und nicht in einem Schwung, so hat man es zum Schluss hin in der Hand, ob man eine Spur mehr oder weniger davon braucht. Das alles geschieht bei moderater Hitze. Wird zu kräftig geheizt und sowohl Butter als auch Mehl braun, so gibt es keine weiße Soße, sondern eine Einbrenne. Wer das lieber mag, verfährt so.

Nun wird mit der kalten Gemüsebrühe aufgegossen, und zwar langsam und unter ständigem kräftigem Rühren mit dem Schneebesen. Diese Grundsoße lässt man nun fünfzehn Minuten ganz leicht köcheln, zusammen mit einem Lorbeerblatt, und rührt dabei gelegentlich um, damit nichts ansetzt. Dadurch verflüchtigt sich der Mehlgeschmack und der Buttergeschmack bleibt. Die Konsistenz der Soße wird ganz individuell geregelt, indem man Brühe zugibt oder weiter einkocht.

Das Lorbeerblatt herausnehmen, nun geht es ans Abschmecken, und da es saure Kartoffelrädle werden sollen, muss nicht zu knapp Essig dran. Da das Auge mitisst, nehme ich Weißwein- oder Apfelessig, Rotweinessig bringt keine schöne Farbe an die Soße. Als weitere Würze wird etwas scharfer Senf hineingerührt, dazu Salz, Pfeffer und Muskat. Genaue Mengenangaben verkneife ich mir. Da zu Kartoffeln Majoran prima passt, gebe ich noch drei Prisen getrockneten Majoran dazu. Man kann die Soße auch mit einem Schuss Weißwein oder etwas Sahne oder

Einkaufszettel

für vier Personen:

ein Kilogramm halbfest kochende Kartoffeln

Soße, Grundvariante:

30 Gramm Butter

30 Gramm Mehl

ein Liter Gemüsebrühe

ein Lorbeerblatt

Essig

Senf

Salz, Pfeffer

Muskat

ein bis zwei Schalotten

nach Belieben zudem:

Majoran

Weißwein

Sahne

Crème fraîche

Currypulver

ein Bund Schnittlauch

Crème fraîche verfeinern. Wer mag, nimmt ein bisschen Currypulver. Experimentierfreude ist gefragt.

Nebenher dünsten wir in einer Pfanne die sehr fein geschnittene Schalotte in Butter goldgelb-glasig, dann in die Soße geben und verrühren. Wenn nun die Soße so schmeckt, dass man sie am liebsten gleich so weglöffeln möchte, ist sie richtig. Nun werden die Kartoffelscheiben hineingegeben. Alles zusammen noch einmal durchwärmen und zu guter Letzt mit fein geschnittenem Schnittlauch bestreuen. Und wer auf Fleisch partout nicht verzichten möchte: Wienerle passen prima dazu.

Semmelknödel

Semmelknödel als Beilage gehören zu meinen Favoriten bei Gerichten mit kräftiger Soße. Und am besten ist es, wenn ein paar übrig bleiben. Am nächsten Tag die Reste in Scheiben schneiden, in einer Pfanne in Butter braten, ein verquirltes Ei drüber, eine Schüssel knackigen Salat dazu – schon steht wieder ein feines Essen auf dem Tisch. Semmelknödel haben nur einen Nachteil: Die Zubereitung ist nicht ganz einfach. Es ist immer wieder ein Abenteuer, die richtige Konsistenz zur treffen. Die Knödel sollten so locker wie möglich sein, müssen aber das Gar-Bad im köchelnden Wasser heil überstehen. Vor dieser Prozedur hat auch der erfahrende Hobby-Koch Respekt: Wenn sich der Knödel im Wasser aufzulösen beginnt, ist jeder Rettungsversuch vergebens. Zu harte Exemplare sind aber auch ein Graus.

Ja, die Knödelforschung liegt im Argen und so bin ich nur durch Zufall auf eine Garmethode gestoßen, die das heikle Wasserbad überflüssig macht, vom geschmacklichen Ergebnis her aber keine Nachteile hat. Die Brotfüllung für ein Hähnchen, die einer Knödelmasse aufs i-Tüpfelchen gleicht, war mir mengenmäßig aus dem Ruder gelaufen. Den verbliebenen Rest habe ich zu einem kleinen Laib geformt, in Alu-Folie gewickelt und einfach mit in den Backofen geschoben – mal sehen, was draus wird , dachte ich mir. Und es wurde was draus: ein tadelloser Semmelknödel.

So geht es: Die Weckle in zuckerwürfelgroße Stücke schneiden, in eine Schüssel geben und heiße Milch schön gleichmäßig darüber sprenkeln und durchmischen. Dann die Schüssel zudecken. Das verhindert, dass sich der Dampf der heißen Milch verflüchtigt. Er durchzieht vielmehr die Brotwürfel, und so sollte es sein. Zehn Minuten ziehen lassen. Inzwischen werden die Schalotten fein gehackt und in einer Pfanne mit Butter goldgelb gedünstet. Zum Schluss kommt die fein gehackte Petersilie noch für eine Minute mit in die Pfanne. Dann diese Mischung zum Brot in die Schüssel geben. Die Masse handwarm abkühlen lassen und die Eier dazugeben. Nun wird alles mit den Händen locker vermischt und mit Salz, Pfeffer und Muskat abgeschmeckt. Die Masse sollte eine locker-feuchte Konsistenz haben, die es erlaubt, mit nassen Händen kleine Laube zu formen. Ist sie zu weich, wird mit Semmelbröseln korrigierend eingegriffen, im umgekehrten Fall kommt noch ein Ei dazu. Wer mit dem Abschmecken der Masse Probleme hat, weil rohe Eier drin sind, nimmt einen Teelöffel voll

Einkaufszettel

für vier Personen
als Hauptgericht,
als Beilage genügt
die halbe Menge:

acht altbackene Wecken

einen halben Liter
heiße Milch

fünf Schalotten

ein Bund Petersilie

vier Eier

Salz, Pfeffer

Muskat

drei verquirlte Eier
zum Überbacken

Butter zum Braten

und brät das in der Pfanne kurz an. Tipp:
Einen gehäuften Teelöffel getrocknete, ge-
mörserte Steinpilze untermischen, schmeckt
prima.
Damit der Garvorgang nicht zu lange dauert,
sollten die Laibe nicht höher als fünf Zentimeter sein. Sie werden in Alufolie gewickelt und
im auf 200 Grad vorgeheizten Backofen rund
40 Minuten gegart. Wir stellen noch eine
kleine feuerfeste Schüssel mit Wasser dazu in
den Backofen. So bildet sich eine feuchte
Hitze die verhindert, dass die Knödel aus-
trocknen. Die fertigen Knödel abkühlen lassen, in fingerdicke Scheiben oder Streifen
schneiden, in einer Pfanne in Butter beidseitig
goldbraun braten, dann die verquirlten Eier
darüber gießen, durchbraten – fertig.

Zucchinipuffer

In jedem Kochbuch muss Platz sein für einen Vorschlag, wie der alljährlich anschwellenden Zucchiniflut mit kulinarischem Anstand begegnet werden kann. In Griechenland auf einer winzigen Ägäis Insel habe ich die besten Zucchinipuffer meines Lebens gegessen. Soweit es mir sprachlich möglich war, mit dem Wirt in die Geheimnisse seiner Zucchinipufferproduktion einzudringen, habe ich versucht, ihm die wichtigsten Zutaten zu entlocken. Wie immer bei diesem im Grunde langweiligen Gemüse kommt es auf die richtige Würzung an. Bei diesen Zucchinipuffern war ganz klar viel frische Minze mit im Spiel. Das war über alle sprachlichen Barrieren hinweg eindeutig herauszuschmecken.

Die Zucchini – je kleiner und fester sie sind, desto besser – werden kurz abgewaschen, abgetrocknet und dann auf einer Reibe grob geraspelt. Der Schafskäse (Feta) wird so fein wie möglich zerbröselt. Frische Minzeblätter werden fein gehackt – vier gehäufte Esslöffel sollen es schon sein. Ferner brauchen wir: zwei Eier, sechs gehäufte Esslöffel Mehl, vier gehäufte Esslöffel Semmelbrösel. Das alles wird unter die geraspelten Zucchini gemischt. Dann mit Salz und Pfeffer gut würzen. Diese Masse lassen wir fünf Minuten ruhen, damit das Mehl und die Semmelbrösel ausquellen können und somit die Masse binden.

In einer Pfanne wird Olivenöl erhitzt, nicht zu stark, die Puffer werden erstaunlich schnell schwarz. Nun geben wir von der Masse einen Esslöffel voll nach dem anderen mit etwas Abstand nebeneinander in die Pfanne, drücken die Häufchen schön flach, so dass sie nicht mehr viel dicker sind als ein dicker Pfannkuchen, braten sie rund vier Minuten, dann werden sie gewendet und auf der anderen Seite noch einmal vier Minuten gebraten. Die fertigen Puffer auf ein Blatt Küchenkrepp legen, damit das Bratfett ein bisschen aufgesogen wird, dann auf eine Platte bugsieren und im Backofen warm stellen und die restliche Masse ausbraten. Die Puffer schmecken übrigens heiß, lauwarm und auch kalt.

Ein Hinweis ist mir wichtig: Besonders fest werden die Puffer nicht, beim Wenden oder beim Herausnehmen aus der Pfanne kann schon mal einer auseinander brechen. Aber das hat weder den griechischen Wirt noch mich gestört. Hauptsache, die Puffer sind gut gewürzt, außen kross und innen noch saftig. Selbstverständlich kann man sich auch ein paar Würz-Alternativen gut vorstellen. Zum Beispiel Basilikum oder glatte Petersilie statt Minze nehmen und dann noch zwei Esslöffel

Einkaufszettel

für vier Personen:

800 Gramm Zucchini

100 Gramm Schafskäse (Feta)

vier gehäufte Esslöffel gehackte frische Minze

zwei Eier

sechs gehäufte Esslöffel Mehl

vier gehäufte Esslöffel Semmelbrösel

Salz, Pfeffer

Olivenöl zum Braten

Sesam untermischen. Dann muss man beim Braten allerdings besonders aufpassen, den Sesamsamen wird schneller schwarz, als einem lieb sein kann.

Als Beilage passt ein Salat aus gewürfelten Tomaten, der mit Salz, Pfeffer, Olivenöl und gehacktem Basilikum abgeschmeckt wird. Ferner ein Joghurt-Dip. Hierzu wird ein eher etwas fetter Joghurt, am besten vollfett, so mag man ihn in Griechenland, mit ein paar Spritzern Zitronensaft, Salz, Pfeffer und fein geschnittenem Schnittlauch verrührt. Zusammen mit einem Baguette ist das eine Hauptmahlzeit.

Fischfilet

unter der Kartoffelkruste

In einem Restaurant der eher etwas gehobeneren Preisklasse haben Sie es vielleicht schon einmal gesehen und gegessen: Ein Fischfilet, das sich unter einer Schicht aus hauchdünnen, kross gebratenen Kartoffelscheiben versteckt. Damit auch das mitessende Auge auf seine Kosten kommt, hat sich der Koch zudem die Mühe gemacht, die Kartoffelscheiben schön schuppenförmig anzuordnen. Wenn das alles sorgfältig zubereitet wurde, dann hat das nicht nur gut ausgesehen, die Kartoffelscheiben haben geschmacklich auch ganz prima mit dem Fisch harmoniert – und dieser war wahrscheinlich wunderbar zart und saftig.

Und genau das ist der Grund, weshalb wir heute dieses auf den ersten Blick etwas kompliziert anmutende Rezept ausprobieren. Aber, wie so häufig: es ist alles halb so wild. Wir brauchen Fischfilets, die nicht zu dick sein sollten. Ich habe es mit Zanderfilet ausprobiert, damit hat es prima geklappt. Pro Person braucht man ein Filet mit rund 150 Gramm Gewicht. Jedes Filet einmal quer halbieren. So bekommt man handliche Stücke, mit denen man besser zurecht kommt als mit einem langen Filetstück. Die Fischstücke abwaschen, mit Küchenpapier gut trocken tupfen und ringsum salzen und pfeffern.

Dann brauchen wir zwei bis drei mittelgroße Kartoffeln. Halbfest kochende Sorten eignen sich gut. Sie lassen sich kross braten und haben genügend Stärke, so dass die Scheiben aneinander haften. Die rohen Kartoffeln schälen und in gleichmäßige, sehr dünne Scheiben schneiden. Das geht am besten auf dem Gurkenhobel oder einem ähnlichen Gerät.

Nun bedecken wir jedes Fischfilet auf einer Seite mit einer Lage Kartoffelscheiben, und zwar schuppig geschichtet. Zum Schluss drücken wir mit der flachen Hand einmal kräftig auf die Kartoffelschicht. Für acht solcher Filetstücke brauchen wir zum Braten zwei Pfannen. Wir geben Olivenöl hinein, nicht zu knapp, und heizen auf mittlerer Stufe vor. Nun kommt jener Teil der Aktion, der etwas Geschick erfordert: jedes Filetstück wird gedreht und mit der Kartoffelseite nach unten in die Pfanne bugsiert. Das macht man am besten mit beiden Händen, der Einsatz von Pfannenwendern oder ähnlichen Instrumenten ist hierbei eher hinderlich.

Hat alles geklappt? Prima, denn jetzt müssen wir nur noch beobachten, wie der Fisch langsam durchgart, das heißt, der noch glasige, rohe Fisch wird von den Rändern her mehr und mehr hell beziehungsweise weiß, und

vier nicht zu dicke
Fischfilets zu je rund
150 Gramm Gewicht

zwei bis drei halbfest
kochende Kartoffeln

Salz, Pfeffer

Olivenöl

Zitrone

wenn er – nach rund zehn Minuten – auf
diese Weise komplett gar ist, ist auch schon
alles fertig. Denn in dieser Zeit sind auch die
dünnen Kartoffelscheiben gar und goldgelb
gebraten. Und genau aus diesem Grund ist es
auch empfehlenswert, keine zu dicken Fischfilets zu verwenden. Diese brauchen länger
und man müsste sie – um ein Verbrennen
der Kartoffeln zu verhindern – während des
Bratens einmal wenden. Und dieses riskante
Manöver lassen wir lieber bleiben.
Nun kommt der Pfannenwender zum Einsatz:
mit ihm heben wir die Fischstücke aus der
Pfanne und legen sie – mit der Kartoffelseite
nach oben – auf die Teller. Mit Salz, Pfeffer
und einem Spritzer Zitronensaft würzen.

Fischwürfel

in Dill-Kapern-Rahm

Ein bisschen Rahm, ein bisschen Dill, ein paar Kapern – diese Kombination hat noch keinem Fisch geschadet. Kein Wunder, dass sie in der Beliebtheitsskala der Fischzubereitung ziemlich weit oben rangiert. Da wir den Fisch zudem in relativ kleine, mundgerechte Würfel schneiden und diese auch nicht anbraten, sondern in der fertigen Soße nur ganz kurz gar ziehen lassen beziehungsweise poschieren, wie der Küchenchef dazu sagt, ist der Arbeitsaufwand minimal und die Küche bleibt von Bratspritzern vollständig verschont.

Als erstes kümmern wir uns um die Soße. Als Basis nehmen wir eine Halbe-Halbe-Mischung aus einem trockenen Weißwein und einer leichten Gemüsebrühe – einen halben Liter insgesamt. In einen Topf geben und erhitzen. Leichte Gemüsebrühe deshalb: sollte sie aus dem Glas kommen, dominiert ihr Geschmack schnell die feinen Aromen ringsum, also lieber sparsam dosieren, auch wenn es Bio-Ware ist. Dann verrühren wir in einem Schälchen zwei gehäufte Esslöffel Crème fraîche und einen Teelöffel voll Senf. Da hinein geben wir unter ständigem Rühren nach und nach etliche Esslöffel von der gut heißen, aber noch nicht kochend heißen Mischung aus Weißwein und der Gemüsebrühe. Wenn dann die Mischung aus Senf

und Crème fraîche so weit verdünnt ist, dass man sie aus dem Schälchen schütten kann, gießen wir sie in die nicht kochende Brühe und rühren, am besten mit dem Schneebesen, dabei immer kräftig um. Auf diese Weise haben wir Crème fraîche und Senf in die Brühe gebracht, ohne dass etwas ausflockt.

Nun wird weiter abgeschmeckt mit Salz, Pfeffer, einer Prise Zucker und – falls die Säure des Weins nicht ausreicht – mit etlichen Spritzern Zitronen- oder Limonensaft. Zum Schluss kommt noch ein halber Becher Sahne hinein. Dann bringen wir die Soße auf die richtige Konsistenz, also entweder etwas einkochen oder mit einem Schuss Wein verdünnen. Auch die Kapern kommen nun in die Soße, ferner die abgezupften und klein gehackten Dillspitzen. Große Kapern grob zerhacken.

Als Fisch nehmen wir möglichst grätenfreies Filet von einer Sorte, die beim Garen nicht so leicht zerfällt. Lachs eignet sich bestens, aber auch Steinbeißer oder ähnliches. Das Fischfilet wird abgewaschen, das trocken Tupfen mit Küchenpapier jedoch können wir uns sparen, denn es kommt ja nicht in die Pfanne mit heißem Fett, wo es sonst erbärmlich spritzen würde. Das Filet wird vielmehr in kleine

Einkaufszettel

für vier Personen:

Soße:

je ein Viertelliter
leichte Gemüsebrühe und
trockener Weißwein

zwei gehäufte Esslöffel
Crème fraîche

ein Teelöffel scharfer Senf

ein halber Becher Sahne

etwas Zitronensaft

ein halber Bund frischer Dill

ein Esslöffel Kapern

Salz, Pfeffer

Zucker

600 Gramm Fischfilet

Würfel geschnitten und diese werden gerade
so in die Soße gegeben. Die Hitze etwas
hochfahren, so dass es ganz sanft köchelt
aber nicht voll kocht. Die Fischwürfel brauchen nicht lange, sie müssen allenfalls zwei
bis drei Minuten in der Soße ziehen, dann
sind sie fertig gegart, aber noch schön saftig
und vielleicht noch mit einem ganz kleinen
glasigen Kern. Noch einmal abschmecken.
Reis oder Spaghetti sind die ideale Beilage.
Ein Häufchen Spaghetti oder Reis kommt auf
den Teller, ein Schöpfer von der Fischsoße
darüber, und fertig ist das Essen.

Gebratener Chicorée
mit Fisch in Kapernbutter

Chicorée kommt bei uns meist als Salat auf den Tisch. Dass er – gebraten und gedünstet – auch als Gemüse ausgesprochen lecker schmeckt, hat sich noch nicht überall herumgesprochen. Chicorée hat ein leicht herbes Aroma und dazu einen ganz feinen Bitterton, der durch das Erhitzen jedoch nicht verfliegt. Wer diese Geschmacksnuance also überhaupt nicht mag, sollte die Finger von ihm lassen. Wer ihn aber schon als Salat schätzt, findet mit dieser Zubereitungsvariante eine feine Abwechslung, gerade im Winter, wenn die Gemüseauswahl nicht ganz so üppig ist. Wer frische, also feste, rundum weiße und noch nicht von braunen Stellen befallene Ware kauft, hat so gut wie keinen Abfall, so dass sich das Putzen darauf beschränkt, die Chicorée-Köpfe abzubrausen, abzutrocknen und von Stilansatz einen halben Zentimeter abzuschneiden. Wenn überhaupt, dann muss man die äußere Blattschicht wegnehmen. Nun wird jeder Chicorée der Länge nach halbiert. Man sieht nun den Strunk. Den kann man, aber man muss ihn nicht unbedingt herausschneiden. Er wird durch das Braten und Dünsten weich und kann dann ohne weiteres mitgegessen werden. Nun werden die Hälften in einer Pfanne in heißem Olivenöl kräftig angebraten, einmal auf der

flachen Schnittfläche, dann wenden und auf der anderen Seite braten. Da darf ruhig ordentlich Feuer unter die Pfanne, so dass er deutlich braune Röstspuren bekommt. Wenn der Chicorée in der Pfanne liegt, bestreue ich die Hälften mit Salz, Pfeffer und mit einem Hauch Zucker. Das Braten dauert pro Seite etwa zwei Minuten. Danach beträufle ich den Chicorée mit etwas Orangensaft und lasse ihn noch rund fünf Minuten weiter dünsten. Ein bisschen länger, dann ist er ganz weich und durch, ein bisschen kürzer, dann hat er im Kern noch etwas Biss.

Nun kann man den Chicorée so belassen und als Gemüsebeilage essen. Oder man macht kurzer Hand so eine Art Auflauf daraus. Dazu legt man die gebratenen Stücke in eine mit Butter dünn ausgefettete Auflaufform, streut Schinkenwürfel und Käse darüber, schiebt das Ganze kurz zum Gratinieren unter den Grill und hat – zusammen mit ein paar Pellkartoffeln – ein vollwertiges Essen.

Wenn man ihn, gerade so gebraten und gedünstet, als Gemüsebeilage verwenden will, passt ein Stück Fischfilet, das in Kapernbutter gebraten wird, bestens dazu. Hierzu wird in einer Pfanne ein Esslöffel Butter bei milder Hitze geschmolzen. Da hinein gebe ich einen gehäuften Esslöffel gut abgetropfte

Einkaufszettel

für vier Personen:

pro Person ein bis zwei
Chicorée-Köpfe

Olivenöl zum Braten

Salz, Pfeffer

eine Prise Zucker

Saft von einer halben
Orange

vier Fischfilets
zu je 200 Gramm

ein Esslöffel Butter

ein gehäufter Esslöffel
Kapern

Salz, Pfeffer

Als Auflauf:

200 Gramm Schinkenwürfel

200 Gramm Käse
zum Gratinieren

Butter zum Einfetten
der Auflaufform

Kapern und lasse sie in der Butter ein paar
Minuten ziehen, so dass die Butter den
Kaperngeschmack annimmt. Dann kommen
die abgewaschenen, trockengetupften,
gesalzenen, gepfefferten und mit etwas
Zitronensaft beträufelten Fischfilets dazu in
die Pfanne. Die Hitze etwas erhöhen, den
Fisch je nach Dicke auf beiden Seiten ein paar
Minuten braten, zum Chicorée auf den Teller
legen und mit der heißen Kapernbutter aus
der Pfanne überziehen.

Marinierter Fisch

mit Vanille

Eigentlich fällt dieses leichte, zitronenfrische Pastaessen unter die Kategorie Sommergerichte. Aber auch an etwas kühleren Frühherbsttagen büßt es nichts von seinem kulinarischen Charme ein. Was das Gericht vor allem auch für die schnelle Küche prädestiniert: der Fisch wird nur ein paar Minuten lang mariniert. Das restliche Garen erledigen die kochend heißen Nudeln sowie eine gut vorgewärmte Schüssel. Und besonders raffiniert, so meine ich, ist die Würzung. Aber der Reihe nach. Beginnen wir mit dem Fischeinkauf. Da der Fisch nicht gebraten wird, entstehen keine Röstaromen, die in der Lage wären, einen Hauch von fehlender Frische zu überdecken. Wir brauchen also taufrischen Fisch, Sushi-Qualität sagen die Fachhändler dazu, mithin Fisch, den man auch roh essen kann. Welche Sorte man nimmt, ist einerlei, Hauptsache, es ist möglichst grätenfreies Filet.

Dann brauchen wir eine Marinade. Sie besteht aus Zitronensaft, Olivenöl, Salz, Pfeffer und Zucker. Und dann – entweder ganz traditionell gewürzt – aus etwas zusätzlicher Schärfe, was mit einer guten Prise Cayenne-Pfeffer zu bewerkstelligen ist. Oder aber man wagt sich ans Experimentieren, und würzt mit – Vanille. Vanille zum Fisch? Ja, das passt ganz prima, und zwar dann, wenn es frisch aus der Schote gekratzte Vanille ist. Die schmeckt nämlich von Natur aus überhaupt nicht süß, sondern eher herb. Und wenn man sich einmal von dem seit Kindertagen geprägten Geschmacksbild befreit, dass Vanille immer mit Weihnachtsgebäck, Soße zum Schokoladenpudding oder Eis einher gehen muss, dann entdeckt man auf einmal erstaunliche zusätzliche Anwendungsbereiche in der Küche. Zuviel davon darf man nicht nehmen, denn sie sollte selbstverständlich nicht dominieren, sondern nur ein leichtes Aroma hinzufügen. Also eine Schote der Länge nach halbieren und dann eine solche Hälfte wieder halbieren, eine viertel Schote also mit dem Messerrücken auskratzen, das genügt – zumindest fürs erste Mal. Alle Marinade-Zutaten werden miteinander verrührt. Den Fisch kalt abwaschen, mit Küchenpapier trocknen, in sehr dünne Scheiben oder Streifen schneiden, in eine Schüssel geben und die Marinade darüber gießen. Eine Viertelstunde marinieren lassen. Zwischendurch zwei- bis dreimal umrühren, damit alle Fischstückchen mit der Marinade ringsum in Berührung kommen.

Dann brauchen wir noch etwas Grünes. Das kann eine Handvoll zerrupfter Ruccola sein,

Einkaufszettel

für vier Personen:

500 Gramm Spaghetti

400 Gramm Fischfilet

Für die Marinade:

Saft von zwei Zitronen

sechs bis acht Esslöffel
Olivenöl

Salz, Pfeffer

eine gute Prise Zucker

Mark von einer viertel
Stange Vanille –
oder eine Prise
Cayenne-Pfeffer

100 Gramm Ruccola

Basilikum

glatte Petersilie oder
Sauerampfer.

etwas glatte Petersilie, Basilikum oder in feine Streifen geschnittener Sauerampfer, auf jeden Fall sollte es ein herb-würzige Note haben. Inzwischen haben wir die Spaghetti gekocht. Und schon geht es ans Finish: Eine gut vorgewärmte Schüssel nehmen, da hinein kommt der Fisch mitsamt der Marinade, dann die kochend heißen Spaghetti darauf schütten, das gehackte Grünzeug darüber streuen, alles gut vermischen und auf vorgewärmten Tellern anrichten. Frischen Pfeffer aus der Mühle darüber geben.

Spaghetti mit Lachswürfeln

Dieses sommerleichte Gericht zeichnet sich durch zwei Komponenten aus: die erfrischende zitronensaure Note und das volle Aroma einer wilden Kräutermischung.

Wir brauchen Lachsfilet ohne Haut. Der Fisch wird in mundgerechte Würfel geschnitten, also doppelte bis dreifache Würfelzuckergröße.

Dann brauchen wir Kräuter, was der Garten hergibt: Schnittlauch und Petersilie jeweils reichlich, Liebstöckel, Majoran, Kerbel und Koriander der starken Aromen wegen eher etwas sparsamer. Alles wird fein gehackt, insgesamt sollten zwei bis drei gehäufte Esslöffel zusammenkommen. Der Knoblauch wird fein gehackt, der Ingwer gerieben.

Die nächste Zutat: Erbsen. Da bieten sich in Erbsenmonaten Mai bis August die frischen an. Aber, zugegeben: das macht ein bisschen Arbeit. Und, ebenfalls zugegeben: es gibt kaum ein anderes Gemüse, bei dem die Tiefkühlvariante weniger Geschmackseinbußen mit sich bringt als bei Erbsen. Wer sich für die TK-Variante entscheidet: Wasser zum Kochen bringen, gut salzen, so, wie wenn man Spaghetti kocht. Die gefrorenen Erbsen hineinschütten, einmal aufkochen lassen, dann fünf bis zehn Minuten leise köcheln, zwischendurch eine probieren, und dann in ein Sieb abschütten und kalt abbrausen.

Wer frische Erbsen nimmt: der Abfall beträgt rund 70 Prozent. Da wir 300 Gramm Erbsen brauchen, müssen wir also ein Kilogramm Schoten kaufen. Man drückt auf die Erbsenschote, sie springt an der Naht auf und dann kann man die Erbsen mit einem Finger herausstreichen. Die ausgepalten Erbsen werden in Salzwasser zehn bis fünfzehn Minuten geköchelt, abgeschüttet und ebenfalls kalt abgebraust.

Letzter Akt der Vorbereitung: Je nach Geschmack drei bis vier Esslöffel Zitronensaft werden zusammen mit vier bis fünf Esslöffeln frischem, fruchtigem Olivenöl und einer Prise Salz mit einer Gabel verkleppert. Die Mischung wird nach ganz kurzem Gabeleinsatz trüb, das heißt, dass sich Öl und Saft zu der gewünschten Emulsion verbunden haben.

Nun geht es los: Während die Spaghetti kochen, dünsten wir in einer Pfanne bei milder Hitze in etwas Olivenöl den Knoblauch und den Ingwer an. Das dauert keine fünf Minuten. Dann geben wir die abgetropften Erbsen dazu, damit sie wieder heiß werden. In einer anderen Pfanne werden die Lachswürfel bei sehr kräftiger Hitze ringsum kurz angebraten. Sie dürfen ruhig Farbe anneh-

Einkaufszettel

für vier Personen:

500 Gramm Lachsfilet

300 Gramm Spaghetti

300 Gramm Erbsen

bunt gemischte Kräuter
(z.B. Schnittlauch, Petersilie,
Liebstöckel, Majoran,
Koriander, Kerbel)

eine Knoblauchzehe

ein kleines Stück
frischer Ingwer

Saft von einer Zitrone

Olivenöl

Salz, Pfeffer

men und, wer das mag, innen noch gut glasig
sein. Das dauert, je nach dem, welchen
Garzustand man haben möchte, zwischen
drei und sechs Minuten.
Und so geht das Finish: Die Spaghetti
abschütten und in den Topf zurückgeben.
Erbsen und Fischwürfel dazu geben, ferner
die Kräutermischung. Alles sanft unterheben.
Die Kräuter kommen mit Absicht erst so spät
dazu: es genügt, wenn sie durch die heißen
Spaghetti warm werden, so setzen sie ihr
Aroma frei, ohne dass es durch langes Erhitzen verloren geht. Zum Schluss gießen wir
die Zitronensaft-Olivenöl-Mischung darüber,
noch mal verrühren, auf vorgewärmte Teller
verteilen und mit grobem Pfeffer würzen.

Brathähnchen in Kräutermarinade

Hier kommen all jene auf ihre Kosten, die ein gebratenes, schmackhaftes und von allem saftiges Hähnchen mögen. Der kulinarische Reiz liegt nicht zuletzt bei den vielen Kräutern, mit denen gewürzt wird.

Das Hähnchen wird in seine Einzelteile zerlegt. Am einfachsten ist es, Schlegel zu kaufen und diese der leichteren Handhabung wegen am Gelenk durchzuschneiden. Die Stelle, an der das Messer ohne großen Widerstand durchgeht, trifft man so: den Schlegel fast gerade drücken und an der Innenseite der Beuge genau in der Mitte senkrecht durchschneiden. Die Fleischteile kalt abwaschen und mit Küchenkrepp trocknen.

Dann rühren wir die Kräutermarinade an: Hierzu werden alle Kräuter mehr oder weniger grob gehackt und in einer Schüssel mit Salz, Pfeffer, Zitronensaft und dem Olivenöl vermischt. Dann die Hähnchenteile hineingeben. Alles gut vermengen, so dass alle Teile von allen Seiten mit der Marinade in Berührung kommen.

Die Tomaten werden in fingerdicke Scheiben geschnitten, die – rohen – Kartoffeln werden geschält und ebenfalls in fingerdicke Scheiben geschnitten. Nun brauchen wir einen Bräter oder ein tiefes Backofenblech. Es sollte auf jeden Fall so groß sein, dass alle Hähnchenteile nebeneinander Platz haben. Es wird mit Olivenöl eingefettet, und dann wird der Boden zunächst mit den Tomatenscheiben dicht an dicht belegt. Etwas salzen und pfeffern. Dann kommt eine durchgehende Lage Kartoffelscheiben auf die Tomaten. Wiederum leicht salzen und pfeffern. Frühlingszwiebeln putzen, der Länge nach halbieren, in kleine Stücke schneiden und über den Kartoffeln verteilen.

Nun werden die Hähnchenteile nebeneinander mit der Hautseite nach oben auf dieses Tomaten-Kartoffel-Bett gelegt. Wenn in der Schüssel etwas Marinade zurückgeblieben ist, verteilen wir die noch gleichmäßig darüber. Ferner gießen wir einen kleinen Schuss Weißwein an. Die Flüssigkeit sollte aber auf keinen Fall höher stehen als die Tomaten-Kartoffel-Schicht dick ist, eher etwas weniger, da aus den Tomaten ja auch noch Flüssigkeit austritt und das Fleisch nicht im Sud schwimmen, sondern vielmehr braten soll. Zum Schluss wird noch jedes Fleischstück mit einer kleinen ganz dünnen Schinkenscheibe bedeckt. Mit Parmaschinken wird es feiner, mit durchwachsenem Räucherspeck etwas rustikaler. Den Backofen haben wir auf 220 Grad vorgeheizt. Da kommt der Bräter hinein, mittlere Einschubleiste. Nach 45 Minuten ist alles

Einkaufszettel

für vier Personen:

vier bis acht
Hähnchenschlegel

Marinade:
eine Mischung aus
Rosmarin, Salbei, Thymian,
Petersilie und Majoran,
grob gehackt zusammen
mindestens zwei gehäufte
Esslöffel voll

Saft von einer
halben Zitrone

drei Esslöffel Olivenöl

Salz Pfeffer

je drei bis vier Tomaten
und halbfest kochende
Kartoffeln, auf jeden Fall so
viel, dass man den Boden
des Bräters damit komplett
auslegen kann

zwei bis drei
Frühlingszwiebeln

zum Belegen:
für jedes Hähnchenteil
eine kleine Scheibe
Parmaschinken oder etwas
Ähnliches

etwas Weißwein

Salz, Pfeffer
Olivenöl zum Einfetten
des Bräters

fertig: das Fleisch ist gar, die Haut ist kross
und die Kartoffeln sind weich. Wem die
Kartoffel-Tomaten-Schicht, auf der das
Hähnchen gart, als Beilage nicht ausreicht,
der muss noch mit einem Stück Baguette
nachhelfen.

Hühnersuppen-eintopf

Eine richtige, selbstgekochte Hühnersuppe hat es hier noch nie gegeben, moniert ein Leser, und er hat recht. Diese Lücke schließe ich gerne, ist eine Hühnerbrühe doch zu jeder Jahreszeit ein unvergleichlich leckeres Lebenselixier. Dass Päckchenware nie ein Ersatz für frisch Gekochtes sein kann, wird hier besonders deutlich: eine Tütenhühnersuppe enthält im Schnitt drei (!) Gramm Trockenhühnerfleisch pro Teller. Wegen des restlichen Tüteninhalts fragen Sie bitte den Chemiker Ihres Vertrauens.

Wir brauchen ein Suppenhuhn, und das gibt es leider schon lange nicht mehr an jeder Ecke. Selbst auf dem Bauernmarkt muss man es oft vorbestellen. Aber das lohnt sich, denn den richten Geschmack bringt eben nur das Suppenhuhn. Das Huhn kalt abwaschen und noch vorhandenes Blut gut entfernen, es macht die Brühe trüb. Auch Innereien, weil bluthaltig, gehören nicht in den Topf. Manche Köche geben das ganze Huhn in den Kochtopf, ich zerteile es grob in acht oder zehn Stücke. Es ist vielleicht nur so ein Gefühl, aber ich meine, dass die Brühe kräftiger wird, wenn das Kochwasser bei den vielen kleinen Teilen mehr Angriffsflächen auf Fleisch und Knochen hat, als das bei einem ganzen Huhn der Fall ist, und so das Aroma besser herausgezogen wird. So ein Huhn taugt für zwei bis maximal drei Liter Brühe. Wer mehr ansetzen will, aber kein zweites Huhn hat, gibt noch ein paar preiswert zu erstehende Hähnchenflügel mit dazu.

Bei den weiteren Zutaten bin ich zurückhaltend, denn sie sollen das feine Hühneraroma nicht überdecken, also: je 150 bis 200 Gramm Karotten und Sellerieknolle, grob gewürfelt, eine Schalotte, ein Lorbeerblatt, ein paar Pfefferkörner und ein gestrichener Teelöffel Salz, das genügt. Lauch, Knoblauch, Wacholderbeeren und andere kräftige Dinge, die gut in eine Rindfleischbrühe passen, lasse ich weg. Alles kommt in den Topf, mit zwei bis drei Litern kaltem Wasser aufgießen, einmal aufkochen und dann eineinhalb Stunden simmern lassen. Brauner Schaum wird mit einer Siebkelle abgeschöpft. Dann die Brühe durch ein feines Sieb (Perfektionisten nehmen ein Mulltuch) abgießen. Die Zutaten einschließlich Huhn haben ihre Schuldigkeit getan. Wenn überhaupt, dann taugt das Fleisch noch zur Krankenkost. Die einfachste Entfettungsmethode: die Brühe über Nacht in den Kühlschrank stellen und am nächsten Tag das harte Fett abheben.

Die Eintopfeinlage besteht aus Wirsing, Karotten, Kartoffeln und Hühnerfleisch. Also koche

CIRCUS HARLEKIN

IN DER REIHE „Münstersommer Freiburg" zeigt der Circus Harlekin von Donnerstag bis Sonntag, 12. bis 15. Juli, sein neues Programm „Hastalakista – verschachtelt gut" auf dem Freiburger Münsterplatz. Die Termine: Donnerstag, Freitag und Samstag ab 20 Uhr sowie Samstag ab 16 Uhr und Sonntag ab 17 Uhr. Der Eintritt ist frei, um eine Spende wird gebeten.

vielen Plattformen: Das Projekt Pinball Arcade will die Kultur der bunten Spielautomaten retten

Einkaufszettel

für vier Personen:

ein frisches Suppenhuhn

je 150 bis 200 Gramm
Karotten und Sellerieknolle

ein Lorbeerblatt

eine Schalotte

zehn Pfefferkörner

ein gestrichener
Teelöffel Salz

Einlage:

zwei bis drei Hühnerbeine

ein kleiner Wirsing

acht Karotten

sechs Kartoffeln

Salz, Pfeffer

Muskat

ich in der Brühe noch zwei Hühnerbeine
weich, das dauert 30 Minuten, fiesle das
Fleisch von den Knochen und gebe es in die
Brühe zurück. Die Gemüse werden geputzt,
in Stücke geschnitten und al dente gekocht,
aber nicht in der Hühnerbrühe, sondern
separat in Salzwasser. Der Grund: damit das
Gemüse Geschmack bekommt, muss das
Kochwasser viel stärker gesalzen werden, als
es die Hühnersuppe jemals sein darf. Und
der Wirsing würde, in der Hühnerbrühe
gekocht, aus dieser eine Kohlbrühe machen.
Nun alles in die Brühe geben, einmal
erhitzen und mit Salz, Pfeffer und Muskat
abschmecken.

Königinnenpastete

Ein sehr beliebtes Essen der feinen Gesellschaft aus den Gründerjahren der Bundesrepublik hörte auf den Namen Königinnenpastete. Man mag dies als Ausdruck für ein nach wie vor vorhandenes Demokratiedefizit deuten. Andererseits klingt Königinnenpastete schon wesentlich vertrauenserweckender als das in den Jahren zuvor im Übermaß vertilgte Kommissbrot.

Die Pastetenförmchen gibt es fertig zu kaufen. Wir können uns deshalb ganz der Füllung widmen. Sie besteht aus einer feinen, weißen, mit Ei legierten Buttersoße. Als Einlage wird traditionell Kalbfleisch und/oder Hähnchenfleisch genommen. Statt der üblichen Champignons passen auch Spargelstücke sehr gut – oder beides zusammen. Als erstes wird der Spargel gekocht, denn wir brauchen das Spargelkochwasser als Brühe für die Soße. Der gekochte Spargel wird in kleine, mundgerechte Stücke geschnitten.

Zum Fleisch: Hähnchenfleisch ist für die schnelle Küche ideal. Je nach dem, wie kräftig die Fleischeinlage schmecken soll, nehmen wir Brust oder Schlegel, und dann können wir wählen, ob wir das Fleisch kochen oder aber braten. Es wird danach ebenfalls in kleine Würfel geschnitten.

Zur Soße: Die Butter wird in einem Topf bei mittlerer Hitze erwärmt bis sie aufschäumt.

Dann wird das Mehl dazugegeben unter ständigem Rühren, bis das Mehl die Butter vollständig aufgesogen hat. Dabei gilt eine Faustregel: immer die gleiche Menge Butter wie Mehl verwenden. Vorsicht, weder Butter noch Mehl dürfen braun werden, denn wir brauchen ja eine helle Schwitze und keine braune Einbrenne. Deshalb wird, sobald sich Butter und Mehl verbunden haben, ganz langsam und unter ständigem kräftigem Rühren mit dem Schneebesen das Spargelkochwasser dazu gegossen. Wenn das schön glatt gerührt ist, kommt die Milch dazu.

Diese Soße muss nun 15 Minuten ganz leicht köcheln, denn dadurch verflüchtigt sich der Mehlgeschmack vollkommen, und zurück bleibt nur der feine Geschmack der Butter, kräftig unterstützt vom Aroma des Spargelwassers. Dabei immer wieder umrühren, und wenn sie zu dick wird, einfach noch Spargelwasser oder Milch dazu geben. Sollten sich doch Klümpchen gebildet haben, dann ist das kein Beinbruch. Man gießt die Soße durch ein Sieb, und das Problem ist erledigt. Dann wird mit Salz, Pfeffer und einem kräftigen Spritzer Zitronensaft abgeschmeckt.

Und nun, ganz zum Schluss, geht es ans Legieren der Soße. Hierzu verrühren wir in einer kleinen Schüssel die Eigelbe mit der Sahne, geben dann von der heißen Soße

acht Pastetenförmchen

600 Gramm
Hähnchenfleisch

500 Gramm Spargel

Soße:

ein halber Liter
Spargelwasser

ein Viertelliter Milch

40 g Butter

40 g Mehl

ein halber Becher Sahne

zwei Eigelb

Zitronensaft

Salz, Pfeffer

Schnittlauch

unter weiterem ständigem Rühren nach und
nach fünf Esslöffel in die Eigelb-Sahne-
Mischung, und dann gießen wir diese unter
kräftigem Einsatz des Schneebesens in die
Soße hinein. Aufkochen darf sie nun nicht
mehr, nur noch zwei bis drei Minuten auf der
Herdplatte heiß ziehen. Sie sollte eine sämige,
aber nicht zu dicke Konsistenz haben. In
dieser Zeit geben wir die Fleisch- und
Spargelstücke in die Soße, damit diese auch
wieder heiß werden.
Die Pastetenförmchen im Backofen kurz auf-
backen. Sie werden dann auf Teller gestellt
und mit dem Ragout reichlich gefüllt. Zum
Schluss mit fein geschnittenem Schnittlauch
bestreuen.

Borschtsch

Bei diesem winterlichen Eintopf verbinden sich typisch badische Elemente sehr ansprechend mit russischen Applikationen. Was dabei herauskommt, heißt Borschtsch. Den ersten Arbeitsgang beherrscht jede Badnerin und jeder Badner im Schlaf: wir kochen ein Kilogramm Suppenfleisch. Und damit die Brühe besonders kräftig wird, versenken wir noch ein paar Markknochen, zwei Möhren, eine Handvoll gewürfelte Sellerieknolle, eine Zwiebel, eine Knoblauchzehe und ein paar Pfefferkörner ins Kochwasser. Nach eineinhalb Stunden leichten Blubberns wird das erste Probestückchen abgeschnitten. Zart, weich und doch noch etwas Biss – dann ist der ideale Garzustand erreicht.

Während das Fleisch köchelt, haben wir Zeit, die anderen Zutaten herzurichten. Das Weißkraut wird in feine Streifen geschnitten oder gehobelt. Die Lauchstange in dünne Ringe schneiden, die Möhren schälen und würfeln. Dann geben wir etwas Brühe aus dem Fleischkochtopf in einen anderen Topf und kochen darin diese Gemüse gar, zusammen mit dem Kümmel und dem Lorbeerblatt. Gewürzt wird mit Salz, einer Prise Zucker und einem Esslöffel Weinessig.

Zu den Roten Beeten, einem wichtigen Borschtsch-Bestandteil: Wer rohe Knollen nimmt, schält diese und raspelt sie dann nicht allzu fein. Sie werden zusammen mit den anderen Gemüsen gekocht. Wem das zuviel Arbeit ist, greift zu den bereits geschälten und vorgekochten Rüben, wie sie an Marktständen und – vakuumiert – im Lebensmittelhandel angeboten werden. Diese vorgekochten Roten Beete lassen sich nicht raspeln, sie werden in Streifen geschnitten, halb so groß wie Pommes frites. Sie müssen dann nur noch zum Schluss erhitzt werden. Wer einen kräftigen Rote-Beete-Geschmack an der Suppe mag, püriert eine halbe gekochte Knolle und gibt das in die Brühe.

Das Suppenfleisch wird in mundgerechte Würfel geschnitten, die Brühe wird durchgeseiht. Und schon geht es zum Finale: Das Fleisch zu den Gemüsen in den essiggewürzten Sud geben, mit der Fleischbrühe auffüllen, alles zusammen einmal aufkochen lassen und mit Salz und Pfeffer abschmecken. Für das Servieren bei Tisch brauchen wir noch saure Sahne, die wir zuvor mit der Gabel glatt rühren. Wären wir in Russland, könnten wir unter mindestens zehn ganz unterschiedlich schmeckenden Sorten auswählen. Hier bleibt uns nur eine handelsübliche Ware. Wer noch mal den Bogen nach Baden schlagen möchte, vermischt die saure

Einkaufszettel

Da sich dieser Eintopf gut zum Aufwärmen eignet, gilt der Einkaufszettel für sechs bis acht Portionen:

ein Kilogramm Suppenfleisch

Markknochen

zwei Möhren

150 Gramm Sellerieknolle

eine Zwiebel

eine Knoblauchzehe

ein paar Pfefferkörner

Gemüseeinlage:

250 Gramm Weißkraut

eine Stange Lauch

200 Gramm Möhren

400 Gramm Rote Beete

ein gehäufter Teelöffel Kümmel

ein Lorbeerblatt

ein Esslöffel Weinessig (rot oder weiß)

Salz, Pfeffer

Zucker

Dipp:

ein Becher saure Sahne

eventuell etwas geriebener Meerrettich

Sahne mit einem Klacks geriebenem Meerrettich. Wenn der Eintopf in Teller gefüllt ist, kommt ein Teelöffel davon oben drauf. Die Saure Sahne wird beim Essen nach und nach in die Suppe gerührt.

Currywurst

Was PR-Beratern schon seit langem klar ist: Currywurst macht sympathisch. Deshalb gehört der Kameraschwenk zur Frittenbude, vor der ein TV-Kommissar seine Curry mümmelt, zur szenischen Grundausstattung vieler ARD-Tatorte wie der Blick unters grüne Leichentuch. Denn bei aller rollenbedingten Ruppigkeit müssen die Kommissare ja auch sympathisch wirken, sonst schaut auf Dauer niemand mehr zu. Die Deutschen mögen, warum auch immer, Menschen, die Currywurst mögen. Pressefotos, auf denen unsere Politiker publikumswirksam Currywurst futtern, sind viel weiter verbreitet als solche, auf denen sie sich Froschschenkel und Gänseleber schmecken lassen. Einmal hat es die Currywurst sogar bis ins Kanzleramt geschafft: sie war die offizielle Leibspeise von Ex-Kanzler Schröder.

Da ist es nur folgerichtig, dass es nun auch ein Deutsches Currywurst-Museums gibt. Im schönsten Beamtendeutsch lassen uns die Initiatoren wissen: Damit wird langfristig und nachhaltig die Currywurst als populärer Teil deutschen Kulturguts sowohl national als auch international institutionalisiert. Diese Institutionalisierung findet natürlich in Berlin statt, wo am 4. September 1949 Herta Heuwer die erste Currywurst über den Tresen ihre Imbissstandes schob. Es war eine gebratene, in Stücke geschnittene Brühwurst, über die Frau Heuwer die von ihr kreierte Soße aus Tomatenmark, Currypulver, Chili, Worcestershiresauce und noch einigen weiteren Zutaten kippte, ihr den Namen »Chillup« gab und als Marke schützen ließ (Patentamt München, Nummer 721319). Dieses Museum wird die Bewohner Hamburgs und des Ruhrpotts vergrätzen, die sich ebenfalls als Currywursterfinder ausgeben und jeweils natürlich die originalste und beste der ganzen Republik produzieren.

Wer auch immer die beste Currywurst macht – um die interkulturelle Kompetenz zu stärken und dadurch Missverständnisse zu vermeiden, seien südbadische Berlinreisende auf Folgendes hingewiesen: Wenn die Wurstverkäuferin in Berlin-Mitte fragt: mit oder ohne , so bezieht sich dies nicht – wie bei der Freiburger Münsterplatzwurst – auf die Zwiebelbeigabe, sondern auf die Wahl zwischen einer Wurst mit beziehungsweise ohne Pelle. Currywurst gibt es nämlich in zwei Varianten: als gepökelte, rötliche und leicht geräucherte Wurst mit Darm oder als eine nackte, leichenblasse Wurst ohne, ähnlich den bayerischen Wollwürsten. Die leichenblasse Variante hat bei Kommissaren

übrigens keinen guten Ruf.

Müsste ich eine Currywurst essen, so würde ich die kräftige mit Pelle nehmen und auf dem Holzkohlengrill braten und nicht, wie üblich, in der Fettpfanne brutzeln. Dazu kann ich mir ein selbstgemachtes Curry-Ketchup vorstellen: Eine Schalotte fein würfeln, in einem Topf in Olivenöl goldgelb dünsten, dann ein Pfund Tomaten grob zerschneiden und dazugeben. Wenn diese musig verkocht sind, passiere ich das durch die Flotte Lotte oder streiche es durch ein Sieb. Dieses Tomatenpüree wird eingekocht, bis es Ketchup-Konsistenz hat, und dann abgeschmeckt mit Zucker, Salz, Balsamico-Essig, Rotwein, ein paar Spritzern Worcestershire-

und Sojasauce, einer kleinen Prise Chili- und einer kräftigen Dosis Currypulver. Mit etwas Zitronensaft abrunden. Das kommt warm über die Wurst, und noch ein Stäubchen Currypulver oben drauf.

Elsässische Fleischtorte

Münstertäler Fleischtorte, Fleischtorte der Vogesentäler oder auch Elsässische Winzertorte – dahinter verbirgt sich letztlich immer das gleiche Grundrezept: knuspriger Blätterteig umhüllt eine herzhaft abgeschmeckte Hackfleischmischung. Aus unerklärlichen Gründen hat dieses deftig-leckere Gericht nie so richtig den Sprung über den Rhein nach Baden geschafft. Hierzulande findet man es auch in ländlichen Restaurants kaum auf den Speisekarten. Dabei ist es einfach zuzubereiten und mit einer Schüssel Salat eine prima Sache. Schalotten und Knoblauch werden fein geschnitten und in Olivenöl goldgelb gedünstet. Zum Schluss kommt die gehackte Petersilie dazu, die noch kurz mitdünsten darf. Das Hackfleisch wird in einer Pfanne in Öl kräftig angebraten. Dabei das Hackfleisch mit dem Kochlöffel immer wieder zerstoßen, so dass es zum Schluss in kleine Krümel zerfallen in der Pfanne liegt. Das altbackene Brötchen eine Minute komplett in lauwarme Milch eintauchen, so dass es sich richtig voll saugen kann. Dann drückt man es mit einer Hand aus, bis es zwischen den Fingern quatscht, und was dann in der Hand zurückbleibt, wird in möglichst kleine Fitzel zerrupft.
Das gebratene Hackfleisch schütten wir in eine Schüssel, geben die Knoblauch-Zwiebel-Petersilien-Mischung und das zerrupfte Brötchen dazu. Mit Salz Pfeffer, Muskat und Kräutern, z.B. Majoran oder Thymian, wird kräftig gewürzt. Je eine Prise Zimt, Kardamon und Nelkenpulver machen die Sache raffiniert. Dann die Eier dazugeben. Mit den Händen alles gut miteinander vermischen. Wir brauchen eine feuerfeste Form mit ca. 28 Zentimeter Durchmesser und einem fünf Zentimeter hohen Rand. Diese wird dünn mit Butter ausgefettet und dann mit Semmelbröseln bestreut, gerade so viel, wie an der Butter haften bleiben. So ist sichergestellt, dass garantiert nichts anklebt. Den Blätterteig kaufen wir fix und fertig und schon ausgewellt von der Rolle. Wir schneiden ein Stück ab, so groß, dass man es in die Backform drücken und damit deren Boden bedecken und auch gleich noch den Rand damit auskleiden kann. Zudem sollten noch zwei oder drei Zentimeter überstehen. Ist die Teigplatte zu klein, einfach zwei zusammenkleben. Nun kommt das Hackfleisch hinein, das gleichmäßig verteilt und leicht angedrückt wird. Mit einem zweiten Stück Blätterteig wird die Hackfleischfüllung abgedeckt. Diesen Deckel mit Eigelb einpinseln und dann den überstehenden Rand von der unteren Blätterteiglage daraufklappen und leicht andrücken

und auch mit Eigelb einstreichen.
Auf der mittleren Einschubleiste wird die
Fleischtorte im auf 200 Grad vorgeheizten
Backofen rund 40 Minuten gebacken. Am
einfachsten ist es, die Torte in der Form
aufzuschneiden und die Stücke mit dem
Tortenheber herauszunehmen.

Einkaufszettel

für eine Form mit
28 Zentimetern
Durchmesser
(reicht für vier bis
sechs Personen):

zwei Rollen Blätterteig

Füllung:

ein altbackenes Brötchen

Milch zum Einweichen

ein Kilogramm
gemischtes Hackfleisch

drei Eier

vier Schalotten

eine Knoblauchzehe

eine halber Bund Petersilie

Salz, Pfeffer

Muskat

zwei gehäufte Esslöffel
gehackte Kräuter
(Thymian, Majoran)

je eine Prise Zimt

Kardamom und
Nelkenpulver

ein Eigelb zum Bestreichen
des Blätterteigdeckels

Öl zum Anbraten

Butter und Semmelbrösel
zum Ausfetten der Form

Geschmortes Lammhäxle

Wenn eine ganze Lammkeule zu groß ist, die ja für sechs bis acht Esser ausreicht, man auf dieses schmackhafte Fleisch aber trotzdem nicht verzichten möchte, dann ist ein Lammhäxle genau die richtige Alternative. Viele Metzger verkaufen den unteren, kleineren Teil der Lammkeule separat, so dass man ein Stück bekommt, das im Gewicht so um die dreihundert Gramm liegt. Berücksichtig man noch den Anteil des Knochens, dann muss man für vier Personen mit drei bis vier dieser Häxle rechnen.

Mir schmecken sie am besten, wenn sie gut durchgeschmort sind und sich das Fleisch fast von alleine vom Knochen löst. Um dieses Ergebnis zu erreichen, werden zunächst die Schmorgemüse – Knollensellerie, Karotten, Schalotten, Knoblauch, Staudensellerie – geputzt und in Würfel geschnitten. In einem Schmortopf werden als erstes die Häxle in Olivenöl ringsum angebraten, dann herausnehmen und beiseite stellen. Nun kommt das Schmorgemüse zusammen mit dem Tomatenmark in den Topf. Ebenfalls gut anbraten, zwischendurch mit etwas Rotwein ablöschen, weiter braten, bis der Wein fast verdunstet ist, nochmals etwas Wein angießen und diesen Vorgang zwei bis drei mal wiederholen.

Nun wird aufgegossen, je zur Hälfte mit Brühe und Rotwein, dabei mit dem Kochlöffel den Bratensatz vom Topfboden schaben und die Gewürze hineingeben: Rosmarin, Lorbeerblatt, Thymianzweig. Dann die Lammhäxle in den Topf dazulegen. Das Fleisch sollte von der Flüssigkeit nicht vollkommen bedeckt sein, sondern nur zu einem Drittel in ihr liegen. Einmal aufkochen lassen, den Schmortopf mit dem Deckel schließen und in den auf 180 Grad vorgeheizten Backofen schieben. Rund zwei Stunden dürfen die Häxle nun still und ruhig vor sich hin schmoren. Viel zu tun ist nun nicht mehr. Alle halbe Stunde wird kontrolliert, ob vielleicht noch Flüssigkeit nachgegossen werden muss, und bei dieser Gelegenheit werden die Häxle auch gewendet, damit alle Seiten mal in der Schmorflüssigkeit liegen. Nach eineinhalb Stunden steche ich mal mit einer spitzen Gabel ins Fleisch. Geht diese butterweich durch, ist das Fleisch fertig.

Da sich gerade Lammfleisch für eine exotische Würzung wunderbar eignet, hier noch ein Vorschlag für alle, die das mögen: Während der letzten halben Stunde gebe ich ein paar getrocknete und in kleine Würfel geschnittene Aprikosen in den Schmortopf. Wenn das Fleisch gar ist, nehmen wir es aus

Einkaufszettel

für vier Personen:

drei bis vier Lammhäxle

Schmorgemüse
(je 150 Gramm Karotten,
Knollensellerie und
Staudensellerie,
drei Schalotten,
eine Knoblauchzehe)

ein Esslöffel Tomatenmark

ein Lorbeerblatt

etwas Rosmarin und
Thymian

Trockener Rotwein

Brühe

(zusammen rund ein Liter,
je nach Schmortopfgröße)

Olivenöl zum Anbraten

Salz, Pfeffer

wer's mag:

ein paar getrocknete
Aprikosen

Kurkuma

Kreuzkümmel

Curry

dem Topf, wickeln es in Alu-Folie und stellen es warm. Nun wird die Soße eingekocht und abschließend gewürzt. Wer die exotisch-arabische Gewürznote noch mehr betonen möchte, nimmt dazu nicht nur Salz und Pfeffer, sondern noch etwas Kurkuma, Kreuzkümmel und Curry.

Noch ein Wort zur Brühe: Da das Lammfleisch ohnehin einen kräftigen Geschmack an die Schmorflüssigkeit abgibt, darf die Brühe zurückhaltend sein. Eine leichte Gemüsebrühe geht prima, Lammfond muss es nicht unbedingt sein. Dadurch wird die Soße für manchen vielleicht sogar zu kräftig.

Kutteln

Für Vincent Klink, Chef der besternten »Wielandshöhe« in Stuttgart, liegt der Fall klar auf der Hand: »Wer Kutteln nicht mag, ist selbst schuld oder hat eine eventuell standortbedingte Unglücksbiografie. Kutteln isst man auf der ganzen Welt, in Asien, im Orient und überall, nur nicht in puritanischen Ländern.« Hinzuzufügen wäre: vielleicht hat der arme Kuttel-Ignorant bislang nur noch keine gut zubereiteten bekommen! Denn eines ist kein Wunder: wem einmal muffig schmeckende Kutteln serviert wurden, ist die Lust darauf womöglich auf Dauer vermiest worden. Hier folgt Abhilfe, wobei die Morcheln die Kutteln zum Festessen adeln. Champignons oder getrocknete Steinpilze erfüllen auch ihren Zweck. Morcheln oder Steinpilze aber eher sparsam dosieren. Sie haben ein starkes Aroma, das den Kuttelgeschmack unterstützen, aber nicht überdecken soll.

Die Kutteln kommen vom Kalb oder vom jungen Rind und müssen blütenweiß sein. Graue oder braune Ware lassen wir liegen. Der Metzger hat sie schon vorgekocht und in dünne Streifen geschnitten. Zu Hause werden die Kutteln in ein Sieb gegeben und mit kaltem Wasser gründlich abgebraust. Die Fleischbrühe mit dem Lorbeerblatt und einer geschälten Schalotte aufkochen, dann die Kutteln hineingeben und noch rund eine Viertelstunde köcheln lassen, bis sie weich sind, aber auch noch etwas Biss haben. Die Kutteln absieben, den Kochfond auffangen und beiseite stellen, Lorbeerblatt und Schalotte herausnehmen.

Die Morcheln in handwarmem Wasser einweichen. Lauch und Karotten putzen, in sehr feine Streifen schneiden – Julienne sagen die Franzosen dazu – und in Salzwasser garen, nicht zu weich, al dente ist richtig, abschütten und abtropfen lassen. Die beiden restlichen Schalotten schälen und fein würfeln. In einer großen Pfanne die Schalotten in Butter goldgelb dünsten, dann Lauch, Karotten, Kutteln und die abgetropften und halbierten Morcheln dazugeben, alles zusammen weitere fünf Minuten dünsten, dann den abgezupften Thymian dazugeben und mit dem Wein ablöschen. Das Einweichwasser der Morcheln durch ein Teesieb gießen (Sand!) und dazugeben.

Den Kuttel-Kochfond um die Hälfte einkochen, die Sahne dazugeben, salzen und pfeffern. Die gedünsteten Gemüse und die Kutteln in den Fond geben, alles noch ein paar Minuten zusammen köcheln lassen, noch einmal abschmecken, vielleicht mit ein

Einkaufszettel

für vier Personen:

800 Gramm Kutteln

ein Lorbeerblatt

drei Schalotten

ein Stange Lauch

vier Karotten

10 getrocknete Morcheln

Für die Soße:

ein Liter Fleischbrühe

ein Viertelliter trockener
Weißwein

ein Becher Sahne

zwei Zweige Thymian

etwas Butter

Salz, Pfeffer

etwas Zitronensaft
zum Abschmecken

Beilage:

Pellkartoffeln
oder Baguette

paar Spritzern Zitronensaft oder einem vorsichtigen Schuss Essig abrunden und dann in Suppentellern servieren. Pellkartoffeln oder ein Stück Baguette sind die richtigen Beilagen.

Lammsauerbraten

Warum nicht mal Lamm als Sauerbraten? Dazu gibt's feines Schmorgemüse und obendrauf angeröstete Pinienkerne.

Ich finde, ein Sauerbraten aus Lammfleisch hat gegenüber dem aus Rindfleisch ohnehin einen Vorteil: Letzterer wird schnell trocken, und was dann etwas überhöht als »schön mürbe« angepriesen wird, stellt sich bei genauerem Hinschmecken meist nur als ziemlich faserig heraus. Das Lammfleisch, vor allem das leicht durchwachsene Schulterstück, bleibt zarter und saftiger.

Das Fleisch wird mindestens 24 und höchstens 48 Stunden mariniert. Die Gewürze im Mörser leicht zerstoßen und dann alle Zutaten für die Marinade in einem Topf vermischen, das Fleisch hineinlegen (es muss vollständig bedeckt sein) und kühl stellen. Die Dauer der Marinierzeit ist Geschmackssache. Der Lammgeschmack wird zunehmend vom Aroma der Marinade überdeckt.

Die Schmorgemüse putzen und in Stücke schneiden. Das Fleisch aus der Marinade nehmen und so gut es geht mit Küchenpapier trocken tupfen. Ganz trocken wird man es nie hinbekommen, und deshalb wird es beim Anbraten heftig spritzen. Ich nehme deshalb einen hohen Schmortopf, der halbiert die herumfliegenden Fetttröpfchen, verglichen mit einer Bratpfanne.

Also: Öl in den Topf, erhitzen und das Fleisch ringsum braun anbraten, Fleisch herausnehmen, Gemüse in den Topf, ebenfalls anbraten, das Tomatenmark dazugeben, mit einem Schöpfer Marinade ablöschen, weiterbraten, bis diese fast vollständig eingekocht ist, noch mal einen Schöpfer dazu, und diesen Vorgang drei- bis viermal wiederholen, das bringt ganz einfach Geschmack in die Soße. Nun das Gemüse an den Rand schieben, das Fleisch in die Mitte des Topfes legen und etwa zwei Zentimeter hoch Marinade angießen. Den Topf ohne Deckel in den auf 180 Grad vorgeheizten Backofen schieben und den Braten eineinhalb bis zwei Stunden schmoren. Dabei das Bratenstück gelegentlich wenden und alle Viertelstunde mit Schmorflüssigkeit beschöpfen. Wenn die Flüssigkeit zu sehr einkocht, wieder etwas von der Marinade dazugeben, so dass immer Flüssigkeit im Topf ist.

Wichtig: Sie sollte nie höher als drei Zentimeter stehen, sonst bekommt man keinen Sauerbraten, sondern gekochtes Fleisch in saurer Brühe.

Den fertigen Braten herausnehmen und im Backofen warm stellen. Die Schmorflüssigkeit

abseihen. Das Gemüse sieht dunkel und
nicht besonders attraktiv aus, schmeckt aber
prima.
Die Soße wird abgerundet mit Sahne, Salz
und Pfeffer. Ist sie zu säurebetont geraten,
hilft eine Prise Zucker, im umgekehrten Fall
ein Schuss Balsamico-Essig. Mit Bandnudeln
servieren. Und damit alles eine leicht südliche
Note bekommt, streue ich noch angeröstete
Pinienkerne obendrauf.

Pochiertes Kalbsfilet

Alle, die ein leichtes Fleischgericht suchen, möchte ich an eine besonders schonende und vor allem komplett fettfreie Methode der Fleischzubereitung erinnern: das Pochieren, also das langsame gar ziehen lassen des Fleisches in einer kräftigen heißen Brühe. Hierzu eignet sich Fleisch, das üblicherweise kurzgebraten wird, am besten. Besonders gut gelingt es mit Filet, wobei mit Kalbsfilet, wie ich finde, die überzeugendsten Ergebnisse erzielt werden.

Das Filet wird am Stück pochiert und erst danach in Scheiben aufgeschnitten. Wenn der Topf nicht groß genug ist – ein ovaler eignet sich am besten –, kann man den Filetstrang selbstverständlich auch halbieren. Als Pochierflüssigkeit brauchen wir eine kräftige Brühe, wobei es auf deren Grundlage – ob Kalb, Rind oder Huhn – nicht so sehr ankommt. Ist nichts dergleichen griffbereit im Tiefkühlfach, setzen wir ganz einfach aus ein paar kleingeschnittenen Gemüsen, einem Lorbeerblatt und zwei Schalotten eine Gemüsebrühe an und würzen sie kräftig mit Pfeffer.

In dieser Brühe wird das Filet gegart, indem man es rund fünfzehn Minuten darin ziehen lässt. Die Brühe muss heiß sein, darf aber während des Pochierens nicht aufkochen, muss also immer knapp unter dem Siedepunkt gehalten werden. Damit das Pochieren perfekt gelingt, schreiben viele Rezepte eine etwas umständliche Prozedur vor, die Hobbyköche eher abschreckt als animiert: Der Filetstrang soll mit Faden umwickelt und mit diesem an einen Kochlöffel gebunden werden. Dieser wiederum wird auf den Topfrand aufgelegt, so dass das Fleischstück, am Faden baumelnd, frei schwebend in der Brühe hängt. Dadurch soll verhindert werden, dass das Fleisch auf dem Topfboden sinkt, dort aufliegt und so von dieser Seite zuviel Hitze abkriegt. Pochieren »à la ficelle«, also am Bindfaden, haben französische Küchenmeister dieses Verfahren getauft. Mir ist das für den Hausgebrauch zu kompliziert. Es geht auch so: das Filet wird in der Pochierbrühe versenkt, und damit es nicht die ganze Zeit mit der selben Stelle auf dem heißen Topfboden aufliegt, drehe ich es halt alle paar Minuten um.

Ein Kalbsfiletstrang von mittlerer Dicke ist nach 15 Minuten fertig, also innen noch sehr gut rosa, fast noch leicht blutig. Damit das Fleisch beim Aufschneiden so wenig Saft wie möglich verliert, wird es nun noch in Alufolie gewickelt und in den auf 60 Grad vorgewärmten Backofen gelegt, wo es fünf Minuten ruht. Ein Tipp noch: das Fleisch sollte nicht direkt

Einkaufszettel

für vier Personen:

800 Gramm Kalbsfilet
am Stück

je nach Topfgröße ein bis
zwei Liter Brühe

Dipp:

ein Bund Schnittlauch

ein Becher Crème fraîche

drei Esslöffel
grobkörniger Senf

Saft von einer
halben Orange

Salz, Pfeffer

ein Spritzer Cognac

aus dem Kühlschrank kommen, sondern zum
Pochieren Zimmertemperatur angenommen
haben. Man sollte es also eine Stunde zuvor
aus dem Kühlschrank holen.
Dass diese Garmethode keine Soße abwirft,
versteht sich. Da die Zubereitung fettfrei ist,
könnten wir uns ein Stück Kräuterbutter
gönnen. Oder wir rühren einen Dip an.
Dazu wird Schnittlauch fein geschnitten und
mit grobem Senf, Crème fraîche und etwas
Orangensaft zu einer dickflüssigen Soße
vermischt. Wer mag, schmeckt noch mit
einem Spritzer Cognac ab. Die Fleischscheiben mit grobem Meersalz und Pfeffer
würzen.

Rinderschmorbraten

Dies ist für meinen Geschmack das ultimative Schmorbratenrezept. Es geht so einfach, und das Ergebnis ist eine Wucht. Die wohl kostbarste Zutat ist die Zeit, die man sich nehmen muss, denn das Schmoren dauert viereinhalb Stunden. Da der Braten aber kaum eine Beaufsichtigung benötig, relativiert sich das: ich kann mit Muße die weiteren Menügänge zubereiten oder einfach in Küchennähe ein Buch lesen.

Man muss ein großes Stück braten, mindestens zwei Kilogramm sollte es wiegen. Das reicht für sechs bis acht Personen. Wer nur für vier Leute kochen möchte: aufgewärmt schmeckt es prima, und selbst einfrieren schadet kaum.

Wir brauchen einen großen Schmortopf, möglichst aus Gusseisen, der die Hitze gleichmäßig verteilt. Und ein schönes Stück Rinderbraten, etwas durchwachsen, und es sollte nicht lang und flach, sondern eher kompakt sein, also so breit wir hoch. Die Schmorgemüse werden geputzt und in mundgerechte Stücke geschnitten.

Das Fleisch wird nicht zu knapp mit grobem Meersalz eingerieben. Dann kommt Öl in den Schmortopf, wir geben Vollgas und braten das Stück ringsum kräftig an. Das Fleisch herausnehmen, die Hitze reduzieren und nun das Schmorgemüse im Topf anbraten. Sobald es etwas Farbe angenommen hat, kommt das Tomatenmark dazu, zwei Minuten weiter rösten. Nun stäuben wir mit einem Sieb das Mehl über das Schmorgemüse, noch eine Minute rösten, immer bei einer Hitze, die stark genug ist, dass es brät, aber eben nicht anbrennt.

Nun wird mit einem guten Schuss Rotwein abgelöscht, mit einem Schaber wird der Bratensatz vom Topfboden gelöst. Sobald der Wein verdampft ist und es am Topfboden trocken wird, kommt der nächste Schuss Rotwein dazu. Noch einmal einkochen. Dann gießen wir mit einem halben Liter Rotwein und einem viertel Liter Wasser auf und lassen das zehn Minuten unter gelegentlichem Umrühren kochen. Nun geben wir den Braten und die Gewürze dazu und gießen mit einer Mischung von zwei Dritteln Rotwein und einem Drittel Wasser so viel Flüssigkeit in den Topf, dass das Fleisch noch zu einem Drittel aus ihr herausschaut. Einmal aufkochen und dann die Hitze so reduzieren und justieren, dass die Schmorflüssigkeit nur noch ganz, ganz leicht gerade so blubb-blubb macht. Deckel etwas versetzt auf den Topf legen, so dass Dampf entweichen kann. So bleibt nun alles für viereinhalb Stunden. Nur

zwei Kilogramm Rinderschmorbraten

insgesamt 500 Gramm gemischtes Schmorgemüse (Sellerieknolle, Karotten, Schalotten)

fünfzehn Zentimeter Tomatenmark aus der Tube

ein knapp gehäufter Esslöffel Mehl

Gewürze (Thymian- und Rosmarinzweig, zwei Lorbeerblätter, ein paar Pfefferkörner und Wacholderbeeren)

eine Flasche kräftiger Rotwein

Öl zum Anbraten

grobes Meersalz

Pfeffer

zwei Dinge sind in dieser Zeit zu tun: nach jeder Stunde den Braten wenden und gegebenenfalls ein bisschen Wein nachgießen. Statt Wasser kann man auch Fleischbrühe nehmen. Sie darf aber nur ganz leicht, am besten gar nicht salzig sein, sonst wird die Soße versalzen.

Das Fleisch herausnehmen und warm stellen. Probieren Sie die Soße, sie ist wahrscheinlich schon perfekt, vielleicht fehlt etwas Salz oder Pfeffer, vielleicht möchte man sie noch etwas einkochen, mehr wird nicht nötig sein, sie schmeckt toll. Das herrlich mürbe Fleisch aufschneiden und mit dem Schmorgemüse und der Soße servieren.

Rindfleisch

mit chinesischem Kohl

Klassiker der chinesischen Küche wie gekochte Schildkröte, gebratener Hund und frittierte Ratte sind bei uns nur schwer vermittelbar. Wobei Schildkröte als anregend, gar als Aphrodisiakum gilt, ohne auf der Liste der verbotenen Dopingmittel zu stehen (ein Tipp für unsere Sportler). Und beim Thema Hund könnten wir an den »Kalten Hund« denken, ein bleischwerer Kastenkuchen aus viel Palmfett, Kakao und Keksen, mit dem wir uns vor vielen Jahrzehnten auf Kindergeburtstagen den Magen verdorben haben. Wie auch immer: wir braten uns einen Klassiker aus der chinesischen Küche mit Zutaten, die allesamt politisch korrekt sind.

Es handelt sich um herzhaft gewürztes Rindfleisch mit chinesischem Kohl. Wobei ich darauf geachtet habe, dass nicht allzu viele chinesischen Soßen und Würzmittel zum Einsatz kommen. Denn die Erfahrung lehrt, dass man meist nur ein paar Tropfen davon braucht und die angebrochenen Fläschchen dann so lange herumstehen, bis das Haltbarkeitsdatum endgültig abgelaufen ist. Wer einen Wok hat, nimmt diesen, wer keinen hat, nimmt seine größte Pfanne, möglichst mit hohem Rand. Damit kommt man gut zurecht. Als Fleisch gönnen wir uns gut abgehangenes Rumpsteak. Es schmeckt kräftig und ist auch kurzgebraten zart und saftig. Als Gemüse brauchen wir Pak Choy, das ist eine Art Chinakohl, auch Senfkohl genannt. Er hat hellgrüne Blätter und dicke, fleischige Stängel. Den gibt es mittlerweile in vielen Gemüseläden. Als Alternative kann man auch den normalen Chinakohl oder jungen Mangold nehmen. Gewürzt wird mit frischem Basilikum, Knoblauch, Ingwer, Sojasauce, halbtrockenem oder auch süßem Sherry und mit Sesamöl.

Zum Fleisch: Für vier Personen genügen zwei gut fingerdicke Scheiben. Diese werden quer in dünne Streifen geschnitten, so dass man so eine Art Rumpsteak-Geschnetzeltes hat. Das Gemüse wird gewaschen und in feine Streifen geschnitten. Der Knoblauch wird fein gehackt. Der Ingwer wird in ganz kleine Stückchen geschnitten oder gerieben. Die Basilikumblätter können ganz bleiben, allenfalls werden sie grob zerrupft.

In der Pfanne wird Öl auf mittlerer Stufe erhitzt. Knoblauch und Ingwer hineingeben und kurz anbraten, ohne dass der Knoblauch dunkel wird. Sobald er anfängt, Farbe anzunehmen, den tropfnassen Kohl mit dazu geben und unter Rühren kurz mitbraten, bis die Blätter zusammenfallen, das dauert rund eine Minute. Alles aus der Pfanne herausneh-

men, etwas frisches Öl hineingeben und nun
sehr kräftig erhitzen, dann das Fleisch hineingegeben und kurz und scharf anbraten, etwa
eine Minute lang. Dann den Kohl dazugeben,
alles zusammenrühren und noch zwei Minuten braten lassen. In dieser Zeit Sojasauce
und den Sherry zufügen und mit Salz und
Pfeffer abschmecken. Ganz zum Schluss das
Basilikum und das Sesamöl hineinrühren und
dann alles sofort aus der Pfanne nehmen und
mit Reis servieren.

Roastbeef mit Sauce béarnaise

Roastbeef, am Stück rosa gebraten, ist eine Delikatesse und eines der wenigen feiertagstauglichen Highlights der klassischen englischen Küche. Rechnen Sie pro Person mit gut 200 Gramm Fleisch. Sollte, was unwahrscheinlich ist, etwas übrigbleiben: dünn aufgeschnitten ist es beim nächsten Frühstück weg.

Wir brauchen ein gut abgehangenes Stück, das oben noch seine natürliche Fettschicht hat. Es wird mit Olivenöl eingepinselt und mit grobem Meersalz bestreut. In einen Bräter legen und im auf 230 Grad vorgeheizten Backofen 30 Minuten braten. Dann ist es innen noch gut rosa. Diese Garzeit gilt für ein Stück Roastbeef, das im rohen Zustand etwa sechs Zentimeter hoch (dick) ist. Die Länge, ob man also ein Stück mit einem oder zwei Kilogramm hat, ist für die Garzeit ohne Bedeutung. Dickere/dünnere Stücke: plus/minus zwei Minuten. Das Fleisch sollte Zimmertemperatur haben, also zwei Stunden vor dem Braten aus dem Kühlschrank holen. Nach Ende der Bratzeit wird die Backofentüre drei Minuten geöffnet, damit die Hitze zurückgeht und das Fleisch nicht nachgart. Das Fleisch wird mit Alufolie abgedeckt, und so lässt man es noch fünfzehn Minuten im nun halb offenen Backofen ruhen. Dann tritt beim Anschneiden kaum Fleischsaft aus. Das Fleisch in fingerdicke Scheiben aufschneiden und servieren. Ja, das war es schon.

Weil das bislang so gut wie überhaupt keine Arbeit gemacht hat, widmen wir uns, während das Fleisch brutzelt, der Sauce béarnaise, die wunderbar dazu passt.

Wein, Essig, Pfefferkörner und die geschälte und grob zerschnittene Schalotte kommen in einen Topf. Den Wein um die Hälfte einkochen, durch ein Sieb abgießen, Schalotten und Pfefferkörner wegwerfen. Die Butter in einem anderen Topf schmelzen. Nun brauchen wir ein Wasserbad. Wer das dafür notwenige spezielle Küchengeschirr nicht hat, behilft sich so: einen großen Topf nehmen und einen kleinen hineinhängen, so dass der kleine mit den Henkeln auf dem Rand des großen aufsitzt. In den großen Topf so viel Wasser geben, dass der kleine drei bis vier Zentimeter tief eintaucht. Das Wasser zum Kochen bringen und dann die Hitze zurückdrehen, so dass das Wasser nicht mehr kocht, aber heiß bleibt.

In den kleinen Topf die Weinreduktion, die nur noch lauwarm sein darf, schütten, ein Eigelb nach dem anderen hineingeben und mit dem Handrührgerät (Sahneschlagbesen) unterrühren, so lange, bis alles glatt ist. Dann

Einkaufszettel

für vier Personen:

800 bis 1000 Gramm
Roastbeef am Stück

Olivenöl

grobes Meersalz

Sauce béarnaise:

50 Milliliter trockener
Weißwein

eine Schalotte

ein paar Pfefferkörner

250 Gramm Butter

vier Eigelbe

ein Spritzer Zitronensaft

Salz

ein gestrichener Esslöffel
gehackte Estragon- oder
Kerbelblätter

die flüssige Butter, die auch nur noch gut lauwarm sein darf, ganz, ganz langsam – zuerst
wirklich nur tropfenweise, dann in einem
dünnen Strahl – mit dem Handrührer hinein-
schlagen, bis die Soße schaumig wird. Ganz
zum Schluss den Zitronensaft, Salz und den
feingehackten Estragon oder Kerbel hineingeben. Die Sauce sofort servieren. Sollte die
Sauce wegen zu starker Hitzezufuhr gerinnen:
tropfenweise kaltes Wasser hineinrühren, bis
sie wieder glatt ist.
Die Beilage: festkochende Kartoffeln kochen,
abkühlen lassen, pellen, in kleine Würfel
schneiden und in der Pfanne in Olivenöl
goldgelb braten.

Rosenkohl mit Bauchspeck

Rosenkohl ist ein wunderbares Winter-gemüse, das, wenn es den notwendigen ersten Frost abbekommen hat, auf unseren Märkten reichlich vertreten ist. Manche mögen ihn nicht, zu streng sei der Geschmack. Aber das wird sich wohl ändern, denn in diesem Rezept kommt nicht nur ein in diesem Zusammenhang eher ungewöhn-liches Gewürz (Wacholderbeeren) zum Einsatz. Auch Sahne muss ans Rosenkohl-gemüse dran. Süße Sahne stimmt alle Kohl-sorten milde und rundet den Geschmack harmonisch ab. Und die Speckwürfel geben den nötigen kräftigen Kontrapunkt.

Eine weitere unkomplizierte Maßnahme, um einen als zu aufdringlich empfundenen Kohl-geschmack etwas zu bremsen: man gibt auf ein Kilogramm Gemüse den Saft einer halben Zitrone ins Kochwasser. Vor allem wenn der Kohl, was eigentlich nicht sein sollte, einen dumpfen Beigeschmack hat, wird dieser durch den Zitronensaft zuverlässig verdrängt. Der Rosenkohl wird geputzt. Ist die Ware frisch und gut, so muss man allenfalls die äußersten Blätter wegknipsen, manchmal ist aber selbst das nicht nötig. Hat sich die Schnittstelle am Strunk in Richtung braun verfärbt, so schneiden wir eine dünne Scheibe ab, so dass die Schnittstelle wieder hell und frisch glänzt. Perfektionisten schneiden nun noch den Strunk ein paar Millimeter tief kreuzweise ein. Dass soll, so die allgemeine Meinung, sicherstellen, dass der etwas härtere Strunk genau so schnell gar wird wie die Blätter und somit alles gleich-mäßig durch ist. Eine vollkommen überflüs-sige Arbeit, wie ich meine, denn bei den kleinen Rosenkohlkugeln ist über kurz oder lang ohnehin alles durch, und wenn da eine Stelle tatsächlich zu guter Letzt noch ein kleines bisschen mehr Biss haben sollte als eine andere, so finde ich das sogar eher noch reizvoll. Den Rosenkohl in Salzwasser zehn Minuten kochen, dann abschütten, mit kaltem Wasser abbrausen und gut abtropfen lassen. Die Kohlröschen halbieren, große Exemplare vierteln. Das hat den Vorteil, dass sich später die Soße mit dem Kohl besser verbindet. Nun schneiden wir den Bauchspeck in dünne Streifen und die Schalotten in kleine Würfel. Die Wacholderbeeren werden in einem Mörser grob zerstoßen. Wir geben sodann den Speck bei geringer Hitze in einen Topf. Er soll nicht sogleich kross anbraten, sondern zunächst ein bisschen Fett ausbraten. Sobald das der Fall ist, kommen die Schalotten dazu, und wenn diese in dem Speckfett goldgelb gedünstet sind, wird mit der Brühe aufge-

Einkaufszettel

für vier Personen:

ein Kilogramm Rosenkohl

150 Gramm leicht
geräucherter,
gut durchwachsener
Bauchspeck

zwei Schalotten

fünf Wacholderbeeren

ein Lorbeerblatt

je ein Viertelliter
Gemüsebrühe

süße Sahne

Muskatnuss

Salz, Pfeffer

eventuell Saft von einer
halben Zitrone zum Kochen

pro Person zwei bis drei
Pellkartoffeln

gossen. Lorbeerblatt, Wacholderbeeren und Sahne dazugeben und alles fünf Minuten ein bisschen einkochen lassen. Dann kommt da hinein der Rosenkohl. Je nach dem, wie weich oder bissfest man ihn haben möchte (natürlich hängt es auch von der Größe der Rosenkohlröschen ab), wird er noch ein paar Minuten in der Wacholderrahmsoße fertig gegart. Mit Salz, Pfeffer und einem Hauch Muskat wird abgeschmeckt.

Wenn man Pellkartoffeln dazu serviert, hat man ein komplettes Essen.

Sauerfleisch

Bei sommerlichen Temperaturen steigt meine Lust auf säuerlich abgeschmeckte Speisen. Zum Beispiel auf Sauerfleisch. Das ist ein Klassiker aus der Küche nördliche der Main-linie und ein enger Verwandter unserer Sülzen. Während bei der badischen Teller-gallert ein nicht weiter vorbehandeltes Stück Fleisch, etwa eine Scheibe Braten oder ein Rippchen, in eine sauer abgeschmeckte Gelatine gelegt wird, wird beim Sauerfleisch schon das Fleisch in einem kräftig abge-schmeckten Sud gekocht. Das verleiht dem Gericht ein besonderes Aroma.

Wir brauchen ein Stück Schweinefleisch, das nicht zu mager sein sollte. Nacken eignet sich sehr gut, wer es lieber etwas fetter mag, nimmt gut durchwachsenen Schweinebauch. In einem Topf bringen wir Wasser zum Kochen. Das Wasser wird gewürzt mit zwei Lorbeerblättern, einer mittelgroßen halbierten Zwiebel, ein paar Pfefferkörnern und Wachol-derbeeren und etwas Suppengrün (Petersilie, Lauch, Sellerie, was man gerade zur Hand hat). Ferner kommen vier bis fünf Esslöffel Weißweinessig dazu. Diesen Sud aufkochen, dann das Fleisch hineinlegen und leicht wallend garen. Das dauert bei einem 500-Gramm-Stück rund eine Stunde. Das Fleisch herausnehmen, abkühlen lassen und

in fingerdicke Scheiben schneiden. Die Scheiben werden in eine Schale oder auf eine Platte mit ausreichend hohem Rand gelegt. Nun müssen wir die Sülze ansetzen. Wir brauchen so viel Flüssigkeit, dass sie das Fleisch vollständig bedeckt. Also lieber etwas mehr als zu wenig vorbereiten, einen halben Liter benötigen wir auf jeden Fall. Hierfür wird in der Regel das Kochwasser genommen. Mir schmeckt das aber etwas zu sehr nach Schwein. Deshalb nehme ich stattdessen Gemüse- oder Rinderbrühe. Aber das ist Geschmackssache. Wer das Kochwasser nimmt: es wird abgesiebt, denn die Gewürze haben ihren Dienst getan. Die Brühe muss nun sehr kräftig abgeschmeckt werden mit Salz, Pfeffer, einer guten Prise Zucker und zusätzlichem Essig. Wenn man sie probiert, muss sie fast ein bisschen überwürzt wirken, denn durch die Gelatine, die noch dazu kommt, wird das Aroma wieder deutlich abgemildert. Die Brühe erhitzen.

Zur Gelatine: Die Blätter werden entspre-chend der Angabe auf der Packung in kaltem Wasser eingeweicht, ausgedrückt und dann in der heißen Brühe aufgelöst. Da das Sauer-fleisch nicht gestürzt wird, muss die Gelatine nicht allzu fest werden. Sie darf ruhig gut glibberig bleiben, so schmeckt sie mir

500 Gramm
Schweinenacken

Kochsud:

Wasser

Weißweinessig

zwei Lorbeerblätter

eine mittelgroße Zwiebel

Pfefferkörner

Wacholderbeeren

Suppengrün
(Lauch, Petersilie)

Sülze:

mindestens ein
halber Liter Brühe

Weißweinessig

Salz, Pfeffer

Zucker

Gelatineblätter

Essiggurken

Schnittlauch

jedenfalls besser. Das heißt: ich nehme etwa
zehn Prozent weniger Gelatine, als auf der
Packung angegeben ist.

Nun schneide ich noch ein paar Essiggurken
in dünne Scheiben oder kleine Würfel und
ein bisschen Schnittlauch in feine Röllchen.
Das streue ich über die Fleischscheiben. Und
nun gieße ich den noch warmen Sülzensud
über das Fleisch, so viel, dass es etwa einen
Zentimeter hoch bedeckt ist. Über Nacht in
den Kühlschrank stellen.

Zum Servieren: Scheibe für Scheibe mit etwas
Glibber herausnehmen. Als Beilage kommen
natürlich nur Brägele in Frage. Und Remou-
ladensauce.

Schweinerollbraten

mit Backpflaumen und Äpfeln gefüllt

Schweinefleisch erobert langsam aber sicher auch wieder die Teller in den besseren Restaurants. Der Grund ist so einfach wie einleuchtend: nachdem alte Rassen mit gut marmoriertem und aromatischem Fleisch wieder zu Ehren kommen (z.B. das Schwäbisch-Hällische Schwein) und vernünftige Bauern den wässrigen Turbo-Neuzüchtungen mehr und mehr adieu sagen, schmeckt er einfach wieder. Zu Schweinefleisch passen sehr gut leicht süßliche Noten und deshalb habe ich den Braten mit Backpflaumen und Äpfeln gefüllt. Ein Stück vom Hals eignet sich gut, wer lieber etwas magereres Fleisch möchte, kann Schulter oder einen ausgelösten Kotelettestrang nehmen. Wer ein Stück mit Schwarte möchte, muss das meist vorbestellen. Das Rezept basiert auf einem länglichen, ein Kilogramm schweren Stück vom Hals mit rund zehn Zentimetern Durchmesser. Das reicht gut für vier Personen. Wer mehr Gäste verkösten will, muss an den Garzeiten dann nichts ändern, wenn das größere Bratenstück lediglich länger, aber nicht dicker ist und somit in der gleichen Zeit fertig wird wie ein kürzeres.

Vom Metzger lasse ich das Stück längs einschneiden, so kann man es füllen und dann rund zusammenbinden. Das aufgeklappte Fleisch wird innen gesalzen und gepfeffert und mit grobkörnigem Senf dünn eingestrichen. Wer die süße Note betonen will, nimmt Weißwurstsenf. Dann werden ein bis zwei Reihen Backpflaumen sowie geschälte und entkernte Apfelschnitze auf das Fleisch gelegt. Am besten eignen sich die noch halbweichen Pflaumen, die es abgepackt zu kaufen gibt. Richtig trockene und harte Dörrpflaumen muss man vorher kurz einweichen. Dann wird der Braten zusammengerollt und mit Küchengarn zu einem länglichen, runden Stück zusammengebunden. Dafür braucht man als Nicht-Profi vier Hände. Im Abstand von ein paar Zentimetern wird das Bratenstück mit der Schnur zusammengebunden, und dann noch zweimal der Länge nach. So hat man ein kompaktes Stück und die Füllung bleibt, auch wenn das Fleisch beim Braten aufgeht, im Inneren, und man kann später schöne Scheiben abschneiden. Nun auch noch außen salzen und pfeffern, mit Öl einpinseln und in einen Bräter legen. In diesen kommt ein Zentimeter hoch Weißwein, ferner verteile ich rund um den Braten noch zwei in Würfel geschnittene Äpfel und den Rest der Backpflaumen.

Der Backofen wird auf 180 Grad vorgeheizt, auf der mittleren Einschubleiste braucht der

Einkaufszettel

für vier Personen:

ein Kilogramm
Schweinebraten

eine 200-Gramm-Packung
getrocknete Pflaumen

drei mürbe Äpfel

Senf

Salz, Pfeffer

Öl

etwas Sahne

Zwetschgenwasser

Braten eineinhalb bis eindreiviertel Stunden
(Schweinehals), der etwas dünnere Kotelettestrang ist nach gut einer Stunde fertig. Bei
Bedarf gelegentlich etwas Wein nachgießen
und den Braten mit der Schmorflüssigkeit ab
und zu beschöpfen. Am Ende der Bratzeit hat
sich ohne weiteres Zutun eine schon recht
schmackhafte Soße gebildet. Diese gieße ich
aus dem Bräter in einen Topf. Während der
Braten nun noch eine Viertelstunde im ausge-
schalteten Backofen ruhen darf, kommt an
diese Soße ein Schuss Sahne und, wenn es
ein Festtagsbratern sein soll, mindestens ein
Schnapsglas voll Zwetschgenwasser.

Züricher Geschnetzeltes

Wir schauen wieder einmal zu unseren Schweizer Nachbarn über die Grenze und brutzeln ein Züricher Geschnetzeltes, jenes eidgenössische Leibgericht, das sich auch bei uns großer Beliebtheit erfreut.

Wer nun glaubt, hierfür genüge es, trocken gebratene Fleischstückchen in einer Sahnetunke zu ertränken, irrt gewaltig. Dieser Irrtum kommt allerdings nicht von ungefähr, wird das Züricher, genauer: das Zürcher Geschnetzelte doch in der Mehrzahl aller Schweizer Restaurants exakt so zubereitet. Dass es gleichwohl von fast allen Touristen immer und immer wieder gerne bestellt und klaglos verspeist wird, wirft weder auf den Gast noch auf den Koch ein gutes Licht. Es beginnt schon beim Fleisch: bestes Kalbsschnitzelfleisch ist gerade gut genug. Katastrophenköche schrecken selbst vor Pute nicht zurück. Und dann, oh Wunder: in das original Zürcher Geschnetzelte kommt auch noch eine kleine Menge Kalbsniere. Erst diese Beigabe nimmt dem Gericht das Banale.

Kalbfleisch und Kalbsniere werden in dünne, aber nicht zu dünne Streifen geschnitten. Unser freundlicher Metzger hat die Niere präpariert, also das Fett und die anderen ungenießbaren Bestandteile (weiße Innen-stränge) weggeschnitten. Auch das Schnetzeln übernimmt er auf Anfrage.

Nun wird zunächst die Soße vorbereitet. In einer Pfanne werden die klitzeklein geschnittenen Schalotten in Butter goldgelb angedünstet. Dann kommen Weißwein und Fleischbrühe (Kalbsbrühe ist natürlich am feinsten) dazu und alles zusammen wird um ein Drittel eingekocht. Dann die Sahne dazugeben und nochmals ein bisschen einkochen. Schön sämig soll es schlussendlich halt sein. Nun werden die geputzten und in dünne Scheiben geschnittenen Champignons (nicht ganz original, aber auch sehr lecker: man nimmt Pfifferlinge) in einer Pfanne in Butter kurz und kräftig angebraten und in die Soße gegeben. Mit Salz, Pfeffer und einem kräftigen Spritzer Zitronensaft wird abgeschmeckt. Die Soße beiseite stellen und warm halten. Nun werden die Fleischstreifen auf einem Brett verteilt und ganz dünn mit Mehl bestäubt. Dazu nimmt man am besten ein Teesieb. Zwei Teelöffel Mehl genügen. Und dann kommt das Fleisch in eine Pfanne mit sehr heißem Öl. Ringsum scharf anbraten und dann das Fleisch in die Soße geben. Nun das Bratfett aus der Pfanne gießen und den Bratensatz mit einem Schuss Wein ablöschen und den dann auch noch in die Soße geben.

600 Gramm Kalbfleisch
(Schnitzelfleisch)

200 Gramm Kalbsniere

200 Gramm Champignons
oder Pfifferlinge

zwei Teelöffel Mehl zum
Bestäuben

Butter und Öl
zum Anbraten

Soße:

zwei Schalotten

Butter zum Anbraten

100 Milliliter Weißwein

je 200 Milliliter Sahne und
Kalbsbrühe

Salz, Pfeffer

etwas Zitronensaft
zum Abschmecken

Alles zusammen noch einmal erhitzen und
sofort servieren.
Rösti sind die klassische Beilage, breite Butter-
nudeln schmecken aber genau so gut.

Baiser

Heute geht es um eine Resteverwertung der zuckersüßen Art. Wenn Eiweiß übrig bleibt, dann wandert das nicht in den Abfluss, vielmehr verlässt es nach einiger Zeit den Backofen als blütenweiße, luftig-leichte Baiser-Häufchen – eine wunderbare Beilage zu Eis oder frischen Früchten oder auch als Krönung eines Obstkuchens.

Das Eiweiß muss sehr steif geschlagen werden. Zur Kontrolle nimmt man ein Messer und schneidet aus dem Eischnee ein Stück heraus. Wenn der Schnitt gut sichtbar stehen bleibt, ist die Masse perfekt. Für weniger empfehlenswert halte ich den alten Hausfrauentrick, die Rührschüssel kurz kopfüber zu halten. Hält der Eischnee fest in der Schüssel, ist er steif genug und der Test ist geglückt, falls nicht, kann man von vorne beginnen...

Erst wenn der Eischnee steif ist, lasse ich langsam den Zucker, den Vanillezucker und die Prise Salz einrieseln und gebe den Zitronensaft langsam, fast tropfenweise dazu. Noch eine Minute weiterschlagen, dann ist die Eischneemasse fertig.

Ein Backblech wird mit Backpapier ausgelegt. Mit einem Esslöffel werden – nicht zu dicht nebeneinander – kleine Häufchen darauf gesetzt, jeweils gerade so viel von der Masse, wie auf einen leicht gehäuften Esslöffel passt.

Wer sich die Arbeit machen mag, kann dafür auch eine Spritztüte mit Sternentülle nehmen. Dann haben die Baisers die klassische Musterung, aber mir gefallen die unregelmäßigen Häufchen gerade so gut. Vom Geschmack her ist es eh egal.

Den Backofen auf 110 Grad vorheizen, das Backblech auf der mittleren Schiene einschieben, nach fünfzehn Minuten die Temperatur auf 100 Grad reduzieren und die Baisers rund drei Stunden trocknen lassen. Da man sich auf die Temperaturanzeige am Herd nicht immer hundertprozentig verlassen kann, sollte man gelegentlich nachschauen, denn die Baisers sollten schneeweiß bleiben und nicht braun werden. Die Backofentüre durch ein eingeklemmtes Küchentuch einen ganz keinen Spalt offen halten. So kann die Feuchtigkeit besser entweichen und die Baisers trocknen schneller. Nach zwei Stunden ein Baiser zur Probe herausnehmen. Wenn es innen nicht mehr klebt, sind sie fertig.

Wer braune Baisers haben möchte, der kann dem Eischnee ganz zum Schluss noch zwei gestrichene Teelöffel Kakaopulver untermischen. Eine weitere feine Variante: man gibt der Masse einen halben gestrichenen Teelöffel Zimtpulver bei.

drei Eiweiß

150 Gramm Zucker

10 Gramm Vanillezucker

eine Prise Salz

ein Teelöffel Zitronen-
oder Limonensaft

Schoko-Baisers:

zusätzlich zwei gestrichene
Teelöffel Kakaopulver

Zimt-Baisers:

zusätzlich ein halber
gestrichener Teelöffel
Zimtpulver

Damit das Ergebnis wirklich gut wird, sollte
man bei der Baiserproduktion ein paar
Faustregeln beachten. Die Eier müssen sehr
frisch sein und aus dem Kühlschrank kommen, denn kaltes Eiweiß lässt sich besser steif
schlagen als zimmerwarmes. Darauf achten,
dass sich wirklich keine Eigelbspuren im
Eiweiß befinden, sonst wird der Eischnee
nicht so fest, wie er werden soll. Immer sehr
feinkörnigen Zucker nehmen, grobkörniger
löst sich womöglich nicht vollständig auf.
Rührschüssel und Schneebesen müssen
absolut fettfrei sein. Und noch ein Hinweis
zum Schluss: In einer luftdichten Blechdose
halten sich die Baisers bis zu zwei Wochen
frisch.

Beerengratin

Wer hätte das gedacht: Die Drei-Sterne-Köche Alain Ducasse und Harald Wohlfahrt, so konnten wir es dem BZ-Magazin zum 40-jährigen Jubiläum der Mondlandung entnehmen, kümmern sich um das kulinarische Wohl unserer Weltraumfahrer. Nicht schlecht. Dabei könnte ich jede Menge Hervorbringungen aus anderen Restaurantküchen aufzählen, die es wahrlich verdient hätten, ins All beziehungsweise auf den Mond oder am besten gleich auf Nimmerwiedersehen hinter ihn geschossen zu werden. Was bleibt uns auf der Erde Gebliebenen, denen nicht nur der Weg ins All, sondern auch der nach Baiersbronn zu teuer ist? Wir stöbern in einem Kochbuch von Harald Wohlfahrt, werden bei einem Beerengratin fündig, lassen die kompliziertesten Teile, die den Hobbykoch zur Verzweiflung treiben, weg und kommen auf diese Weise immer noch zu einem Ergebnis, das seinen Stern wert ist.

Pro Person brauchen wir ein feuerfestes Gratinierschälchen, nicht zu groß, nicht zu tief, so in etwa vom Format einer großen Untertasse. Des Weiteren benötigen wir 300 Gramm frische gemischte Beeren, wobei es sich besonders gut macht, wenn ein ordentlicher Anteil an selbst gepflückten Waldheidelbeeren mit dabei ist. Wer die Beeren mit Wasser abbrausen möchte, sollte das rechtzeitig machen damit sie Zeit haben, wieder zu trocknen, sonst wird die Gratiniermasse, der wir uns nun zuwenden, verwässert. Die Früchte gleichmäßig in den Gratinierschälchen verteilen.

Die Gratiniermasse: Die Sahne wird steif geschlagen – nicht zu steif, wie der Meister aus Baiersbronn ausdrücklich empfiehlt – und beiseite gestellt. Dann kommen Zucker und Eigelbe in eine Rührschüssel. Sie werden mit dem Handrührgerät schaumig geschlagen. Schaumig schlagen bedeutet: zwei bis drei Minuten rühren, bis sich Eigelb und Zucker miteinander verbunden haben. Die Masse wird dabei hell, fast weiß und eben etwas schaumig, dann ist sie fertig. Nun den Grand Marnier oder einen anderen Fruchtlikör unterrühren und dann die geschlagene Sahne unterheben.

Die Gratiniermasse gleichmäßig über die Beeren verteilen, so dass diese leicht bedeckt sind. Dann die Förmchen unter den voll aufgedrehten Grill stellen. Sobald sich die ersten Stellen in Richtung dunkelbraun verfärben – das dürfte so nach ca. ein halben bis einer Minuten sein –, ist das Gratin fertig. Aus dem Backofen nehmen, mit Puderzucker und

Einkaufszettel

für vier Personen:

500 Gramm gemischte
Beeren

Gratiniermasse:

60 Gramm Zucker

zwei bis drei Eigelb
(je nach Größe)

ein Esslöffel Grand Marnier
oder ein anderer Fruchtlikör

ein halber Becher Sahne

Puderzucker

Pistazien

Variante:

Vanilleeis

gehackten Pistazien bestreuen, und fertig ist
unser Sternenachtisch.
Eine etwas aufwändigere Variante, aber mit
einem sehr aparten Heiß-Kalt-Kontrast, geht
so:
Wir füllen die Gratinförmchen etwa einen
Zentimeter hoch mit Vanilleeis, streichen es
glatt und stellen die Förmchen dann für eine
Stunde in die Tiefkühltruhe. Dann muss alles
ganz fix gehen: die tiefgekühlten Förmchen
aus der Truhe nehmen, Beeren und Gratiniermasse auf dem Eis verteilen und ab damit
unter den Grill. Länger als eine halbe Minute
sollte das Grillen nun aber nicht dauern, sonst
schmilzt das Eis und der Effekt ist perdu.
Wenn aber alles klappt, ist dies eine
besonders attraktive Variante.

Grießflammeri mit Kompott

Zur Hochform läuft ein Kompott immer erst dann auf, wenn es nicht solo bestehen muss, sondern noch etwas an seiner Seite hat. Sahne ist das Mindeste, Vanillesauce ein weit verbreiteter Standard. Ein Grießflammeri aber ist so etwas wie die Krönung.

Ein Flammeri ist eine gestürzte Süßspeise. Der Name kommt vom englischen flummery. Das bedeutet soviel wie fester Mehlbrei und verheißt deshalb zunächst einmal nichts Gutes. Zum Glück jedoch war sich der geniale Eckart Witzigmann nicht zu schade, sich auch so einem altmodischen und einfachen Gericht aus der bürgerlichen Küche zu widmen. Und deshalb gibt es ein Rezept für einen Flammeri, konkret einen Grießflammeri, der, gerade im Zusammenspiel mit einem Kompott, einfach super schmeckt.

Die Milch wird in einen Topf gegeben. Die Vanilleschote wird der Länge nach halbiert, das Mark wird mit dem Messerrücken herausgeschabt. Zusammen mit dem Zucker und der Prise Salz kommt das Mark in die Milch, und auch die ausgeschabten Hälften der Vanilleschote kommen zwecks Aromaverstärkung noch mit dazu. Auf den Herd stellen und erhitzen. Wenn die Milch anfängt aufzuschäumen, fischen wir die Vanilleschote heraus. Sie hat ihren Dienst getan und wird weggeworfen. Und dann kommt der Grieß in die Milch, und zwar so: man schüttet ihn nicht mit einem Schlag hinein, sonst besteht die Gefahr, dass er klumpt. Wir lassen ihn langsam in die Milch hineinrieseln und rühren dabei immer zügig mit dem Schneebesen. Es sollte Hartweizengrieß sein, mit diesem gelingt es besser als mit normalem Grieß.

Wir lassen das nun drei Minuten auf sanfter Hitze ganz, ganz leicht kochen, dabei muss immer weiter gerührt werden, da die Masse schnell ansetzt und im schlimmsten Fall anbrennt. Dann den Topf vom Herd nehmen und den Grieß ausquellen lassen.

In dieser Zeit weichen wir das Gelatineblatt fünf Minuten in kaltem Wasser ein. Der Orangensaft wird in einem Topf erhitzt. Dann das Gelatineblatt aus dem Einweichwasser nehmen, ausdrücken und in dem heißen Orangensaft auflösen. Das wird in die Grießmasse gegossen und mit dem Schneebesen gleichmäßig verrührt.

Nun lassen wir die Masse abkühlen. Dann wird die Sahne geschlagen, nicht zu fest, eher nur halbsteif, und mit dem Schneebesen unter die Grießmasse gehoben.

Für die weitere Verarbeitung gibt es mehrere Varianten. Entweder wir füllen die Grießmasse

Einkaufszettel

für vier Personen:

0,2 Liter Milch

40 Gramm Zucker

eine Vanilleschote

eine Prise Salz

30 Gramm Hartweizengrieß

ein Blatt Gelatine

vier Esslöffel Orangensaft

0,2 Liter Sahne

in eine Schüssel, stellen sie für drei Stunden im Kühlschrank kalt. Und dann werden mit einem Esslöffel Nocken herausgestochen, auf Teller platziert und mit dem Kompott umgeben.

Wir können sie auch gleich in Portionsgläser anfüllen, diese kalt stellen und das Kompott oben drauf geben. Oder wir füllen die Grieß-masse in zuvor leicht ausgebutterte und aus-gezuckerte Kaffeetassen und stellen diese in den Kühlschrank. Dann können wir den Grießflammeri stürzen und das Kompott drum herum verteilen. Das ist das Original.

Feigen-Tartelettes

Wer in seinem Garten an einer sonnigen, nach Südwesten ausgerichteten Hauswand einen Feigenbaum stehen hat, kann auch in unseren Breiten reiche Ernte einfahren. Wer nicht, muss sich bei Freunden oder beim Obsthändler eindecken. Wie auch immer: Aus einer Handvoll reifer Feigen lassen sich ohne großen Aufwand kleine Feigentartes backen – als Nachtisch oder zum Kaffee sind sie eine schöne Abwechslung zu den sonst üblichen Obstkuchen.

Zum Backen nehmen wir kleine runde Formen mit etwa 12 Zentimetern Durchmesser. Die Zutaten sind für sechs solcher Förmchen berechnet.

Der Teig ist schnell gemacht. Es ist ein klassischer Mürbeteig. Alle Zutaten sollten kühl sein, die Butter muss also unbedingt aus dem Kühlschrank kommen. Das Mehl auf ein Brett häufen, oben eine Kuhle hinein drücken, das Wasser und den Zucker hineingeben, die Butter mit dem Messer in sehr kleine Würfel hacken, zum Mehl dazugeben und alles zusammen mit den Fingern rasch durchkneten und zusammenwalken. Dass sollte wirklich schnell gehen, damit der Teig nicht zuviel Handwärme aufnimmt. Denn dadurch wird er schnell klebrig und weich, was nicht sein sollte. Am besten deshalb die Hände

zuvor unter kaltem Wasser gründlich abwaschen. Dann den Teig zu einer Kugel formen, in Klarsichtfolie wickeln und mindestens eine halbe Stunde in den Kühlschrank legen.

In dieser Zeit bereiten wir den Belag vor. Die Feigen werden geachtelt. Vorheriges Abwaschen ist wahrscheinlich nicht nötig. Falls doch, dann die Feigen wieder gut trocken tupfen. Dann wird eine Art Soße angerührt. Dazu verquirlen wir die Crème fraîche, das Ei, das Eigelb, den Zucker, den Honig und einen kräftigen Spritzer Zitronensaft. Die Feigen sind ja sehr süß, sie vertragen etwas Säure sehr gut. Der Honig sollte nicht allzu sehr vorschmecken. Also eine Sorte mit einem eher zurückhaltenden Geschmack nehmen. Lavendelhonig beispielsweise schmeckt hier schnell aufdringlich. Nun werden die Förmchen ausgebuttert und mit Semmelbröseln bestreut – gerade so viel, wie an der Butter hängen bleiben. Überschüssige Brösel werden abgeschüttet.

Nun nehmen wir den Teig aus dem Kühlschrank. Die Teigkugel auspacken. Sie wird leicht mit Mehl bestäubt und mit dem Wellholz auf einer eingemehlten Unterlage nicht allzu dünn ausgewallt. Die Förmchen kopfüber auf die Teigplatte drücken und so

Einkaufszettel

für 6 Tartelette-
Förmchen:

Teig:

50 Gramm Zucker

100 Gramm Butter

150 Gramm Mehl

ein Teelöffel kaltes Wasser

Belag:

12 Feigen

100 Gramm Crème fraîche

ein Ei

ein Eigelb

ein gestrichener Esslöffel
Zucker

ein Teelöffel Honig

ein kräftiger Spritzer
Zitronensaft

**Zum Ausbuttern
der Förmchen:**

Butter

Semmelbrösel

ein gerade passendes Stück ausstechen und
dann den Teig in die Form leicht hinein-
drücken. Sodann die Feigenschnitze schön
rosettenartig hinein platzieren und dann die
Crème-fraîche-Soße dazu gießen, gerade so
viel, dass die Feigen nicht ganz bedeckt sind.
Den Backofen haben wir auf 200 Grad
vorgeheizt. Da hinein kommen die Förmchen, mittlere Einschubleiste. Nach 35 bis 40
Minuten sind sie fertig. Herausnehmen und
abkühlen lassen. Eigentlich müssten sich die
Tartelettes ganz leicht aus den Förmchen
lösen – dank Butter und Semmelbrösel – und
auf einen Teller bugsieren lassen. Falls nicht,
dann gabelt man sie halt direkt aus der Form.
Das tut dem Geschmack keinen Abbruch.

Schwarzwälder Kirschtorte im Glas

Das Abfüllen von Vorspeisen, Suppen und Nachspeisen in kleine Portionsgläschen ist schwer in Mode. Man mag das albern finden, kann aber auch Vorteile darin sehen. Wenn sich fünf Leute mit der großen Kelle an der Tiramisu-Schüssel bedient haben, ist der verbleibende Rest nicht mehr besonders ansehnlich. Die Gläschen aber hinterlassen vom Anfang bis zum Ende einfach einen guten und appetitlichen Eindruck. Wenn man ausnahmsweise mal den Biskuitboden nicht selbst bäckt, sondern ihn fertig vom Konditor holt, dann kann man diese Nachspeise auch noch in letzter Minute zubereiten. Denn auch die anderen Zutaten kommen zwangsläufig aus der Vorratskammer: Sauerkirschen aus dem Glas, Sahne, Kirschwasser, Vanillezucker, Schokostreusel und ein bisschen Mondamin. Richtig erkannt: es sind dies ganz genau die Zutaten für eine Schwarzwälder Kirschtorte. Da sich die wenigsten zutrauen, dieses Meisterwerk des Konditorenhandwerks selbst zu basteln, füllen wir die Zutaten ganz einfach Schicht für Schicht in Wassergläser. Dann kann nichts umfallen oder zusammensacken, die Sache ist ein Kinderspiel, und wir haben ein prima Dessert.

Die Mengenangaben reichen für sechs Portionsgläser (Wassergläser mit jeweils etwa 0,2 Liter Inhalt). Die Sauerkirschen – wir brauchen ein Glas mit 720 Gramm Inhalt – werden in ein Sieb abgeschüttet, der Saft wird auffangen. Es werden rund 350 Gramm Saft abtropfen. Dieser wird aufgekocht. In einer Schale rühren wir 20 Gramm Mondamin mit kaltem Wasser glatt und gießen das unter kräftigem Rühren mit dem Schneebesen in den kochenden Sauerkirschsaft. Eine Minute köcheln lassen, vom Herd nehmen, mit Vanillezucker abschmecken, die Kirschen dazugeben, umrühren und abkühlen lassen. Nicht vergessen: pro Glas eine Deko-Kirsche beiseite legen. Wer es hundert Prozent original haben möchte, kauft zur Dekoration kandierte Kirschen.

Der Schoko-Biskuit-Boden sollte etwa einen Zentimeter dick sein. Mit dem Glas runde Stücke ausstechen – zwei Stück pro Glas. Die Sahne sehr steif schlagen und mit Vanillezucker abschmecken. Ein Biskuittaler wird nun auf den Boden des Glases gedrückt. Sollte er dabei ein bisschen zerbröseln, macht das gar nichts. Da kommt nun eine Schicht Sauerkrischenkompott drauf, dann eine dünne Schicht Sahne. Nun wird der zweite Biskuittaler darauf gelegt und leicht angedrückt. Darauf kommt die nächste Schicht Sauerkrischen, dann das Glas mit

Einkaufszettel

für sechs Personen:

ein 720-Gramm-Glas
Sauerkirschen

ein Schoko-Biskuit-Boden

zwei Becher Sahne

ein Riegel dunkle
Schokolade

20 Gramm Mondamin

Vanillezucker

Kirschwasser

Sahne auffüllen, mit Schokostreuseln
(die werden mit dem Küchenmesser von
einem Riegel dunkler Schokolade geschabt)
garnieren und die Deko-Kirsche zum Schluss
in die Mitte obenauf setzen. Man kann diese
Schwarzwälder Kirschtorte im Glas auch
vorbereiten. Im Kühlschrank halten sich die
Gläschen ohne weiteres ein paar Stunden.
In jede SchwaKiTo, auch in die im Glas,
gehört selbstverständlich Kirschwasser. Dieses
wird üblicher Weise der Sahne zugegeben.
Essen Kinder mit, lasse ich die Sahne alkohol-
frei und tränke dafür bei den für die
Erwachsenen vorgesehenen Gläschen die
Biskuitstücke mit dem Kirschwasser.

Sesam-Mousse

mit marinierten Orangen

Die Grundsubstanz für diese Nachspeise hole ich mir in einem türkischen Lebensmittelgeschäft. Es ist Halva. Halva besteht aus zerstoßenen Sesamsamen und Zucker, es ist leicht bröckelig-flockig und zum gerade so Essen zumindest für meinen Geschmack viel zu süß. Aber den Sesamgeschmack mag ich sehr gerne, und so stand der Versuch auf der Tagesordnung, daraus etwas zu basteln, das den Sesamgeschmack erhält, die Süße aber deutlich zurückdrängt. Und zudem sollten noch weihnachtliche Gewürze wie Zimt, Nelken und Sternanis zum Einsatz kommen. Hier ist das Ergebnis.

In einen Topf geben wir das Halva nebst acht Esslöffeln Orangensaft, erhitzen vorsichtig, so dass das Halva ganz langsam schmilzt. Dabei wird kontinuierlich umgerührt, denn es sollte weder anbraten noch karamellisieren, sondern schlicht schmelzen. Ein Blatt Gelatine haben wir entsprechend der Packungsvorschrift fünf Minuten in kaltem Wasser eingeweicht und dann gut ausgerückt. Danach wird das Gelatineblatt in vier Esslöffeln Orangensaft bei milder Hitze in einem kleinen Topf aufgelöst und dann unter das heiße geschmolzene Halva gerührt. Alles sehr gut verrühren. Nun lassen wir diese Masse abkühlen, bis sie gerade noch handwarm ist. Die Sahne steif

schlagen, zuerst zwei Esslöffel davon unter die Halva-Masse rühren. Dann die restliche Sahne mit dem Kochlöffel in ruhigen, kreisenden Bewegungen unterheben, damit die Luftigkeit der Sahne erhalten bleibt. Zudecken und ab in den Kühlschrank, wo die Mousse mindestens vier Stunden durchkühlen und fest werden soll. Mit der angegebenen Gelatinemenge wird sie nicht bockelhart, sondern so, dass sie sich später mit einem Esslöffel schön ausstechen lässt, aber auch noch eine angenehm cremige Konsistenz hat – gerade so, wie wir es von einer Schokoladen-Mousse kennen. Das kann man natürlich alles schon am Vortag zubereiten, denn es schadet der Mousse überhaupt nicht, wenn sie über Nacht im Kühlschrank bleibt.

Dazu gibt es marinierte Orangenscheiben. Zwei Orangen werden sorgfältig geschält – auch die weiße Haut so gut es geht abpulen – und dann quer in Scheiben geschnitten, eine Orange wird ausgepresst. Drei gestrichene Esslöffel Zucker in einen Topf geben und karamellisieren, also so lange erhitzen, bis er eine mittelbraune Farbe angenommen hat, dann mit dem Orangensaft ablöschen, umrühren, Zimt, Nelken und Sternanis hineingeben und so lange einkochen, bis die

Sesam-Mousse:

200 Gramm Halva

acht Esslöffel Orangesaft

ein Blatt Gelatine

weitere vier Esslöffel
Orangensaft

ein Becher Sahne

Marinierte Orangen:

zwei Orangen

Saft von einer weiteren
Orange

drei gestrichene
Esslöffel Zucker

ein bis zwei Nelken

ein Sternanis

ein fingerlanges
Stück Zimtrinde

Flüssigkeit eindickt und eine sirupartige
Konsistenz hat. Es kann sein, dass der
gebräunte Zucker schlagartig hart wird, wenn
der Saft dazu gegeben wird. Das macht nichts
– einfach weiterrühren und weiter erhitzen,
dann schmilzt er wieder. Den Sirup vom Herd
nehmen, die Orangenscheiben hineinlegen
und zwei Stunden darin marinieren. Wer die
Säuere mehr betonen möchte, gibt noch
etwas Zitronen- oder Limettensaft dazu.
Zum Anrichten werden ein paar Orangenscheiben auf Teller gelegt, mit einem Esslöffel
eine Mousse-Nocke ausstechen und alles mit
dem Sirup beträufeln.

Tutti Frutti

Tutti Frutti hieß diese köstliche sommerliche Nachspeise aus meinen Kindertagen. Grundlage ist Vanillepudding, der natürlich selbst gekocht wurde. Ich habe es ausprobiert – und siehe da: der Aufwand, Pudding selbst zu kochen, ist kaum größer, als ihn aus dem Päckchen anzurühren.

Wir brauchen einen halben Liter Vollmilch. Davon zweigen wir acht Esslöffel ab, damit wird das Mondamin in einem Schüsselchen angerührt. Das Mondamin bekommt zunächst eine Konsistenz fast wie Beton, wird aber mit zunehmender Milchzufuhr immer weicher und zum Schluss dickflüssig. Die restliche Milch wird erhitzt, Zucker und Vanillezucker werden darin aufgelöst. Wenn die Milch gerade zu kochen anfängt, wird der Topf von der Flamme genommen und das aufgelöste Mondamin langsam hineingegossen. Dabei mit dem Schneebesen immer kräftig durchrühren. Nun noch einmal kurz aufkochen lassen, dann den Topf vom Herd nehmen und den Pudding abkühlen lassen bis er nur noch handwarm ist. Während dieser Abkühlphase alle paar Minuten mit dem Schneebesen durchschlagen. Nun wird das Eigelb mit dem Schneebesen hineingerührt. Das Eiweiß schlagen und ebenfalls unterrühren. Wer bei rohen Eiern Bedenken hat, nimmt stattdessen einen Achtelliter Sahne: sie wird geschlagen und untergerührt. Der Pudding ist fertig, kann aber noch deutlich verfeinert werden, indem man zum Beispiel etwas Zitronensaft hineinrührt, oder, falls keine Kinder mitessen, einen Spritzer Cognac, Marsala oder was sonst gerade an angebrochenen Flaschen herum steht.

Nun müssen noch die Löffelbisquitts mariniert werden. Bei einem Kindernachtisch nehmen wir irgendeinen Fruchtsaft, für Erwachsene darf auch ein Schuss Obstwasser dazu kommen. Der Saft wird in eine flache Schüssel geschüttet, da hinein werden die Löffelbisquitts gelegt, bis sie sich halb vollgesogen haben, das dauert gerade mal eine halbe Minute.

Zwischenzeitlich haben wir auch die Früchte vorbereitet, das heißt: gewaschen, trockengeschüttelt, große Erdbeeren zerkleinert, und dann mit einem Esslöffel Zucker verrührt. So lässt man sie mindestens eine Viertelstunde ziehen.

Es geht ans Finish: in eine große Glasschüssel (wegen der Optik) oder in vier kleine Portionsschalen kommt als erstes ein Lage Löffelbisquitts, dann eine Lage Früchte, dann eine Schicht Pudding. Das wird wiederholt, bis alles aufgebraucht ist. Mit einer Schicht

Pudding abschließen und mit frischen
Früchten verzieren. Die Schüssel mindestens
eine Stunde in den Kühlschrank stellen.
So wird alles erfrischend kalt. Gleichzeitig
ziehen die Früchte und die Bisquitts noch ein
bisschen durch.

Einkaufszettel

für vier Personen:

ein halber Liter Vollmilch

40 Gramm Mondamin

zwei schwach gehäufte
Esslöffel Zucker

zwei schwach gehäufte
Esslöffel Vanillezucker
(diese Mengenangabe gilt
für selbst angesetzten
Vanillezucker, gekaufter
Vanillezucker schmeckt
kräftiger; dann nehmen
wir drei Esslöffel normalen
und nur einen Esslöffel
Vanillezucker)

ein Ei oder stattdessen ein
Achtelliter Sahne

etwas Zitronensaft
oder irgendetwas
Hochprozentiges
zum Abschmecken

250 Gramm gemischte
frische Früchte (Erdbeeren,
Himbeeren, Heidelbeeren
usw.)

ein Esslöffel Zucker, um die
Früchte einzuzuckern

12 Löffelbisquitts

Fruchtsaft
(und Obstwasser)
zum Einweichen

Notizen

Notizen

Notizen

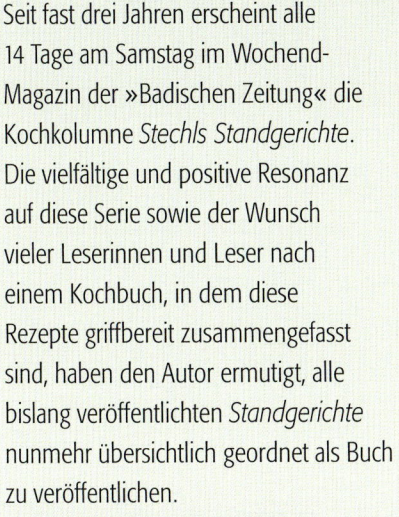

Hans-Albert Stechl
Einfach gut gekocht. Teil 2
147 S., zahlreiche Farbabb., Pb 16 x 23 cm
€ 16,80
ISBN 978-3-7930-5036-0

Einfach
gut
gekocht
2. Teil

Hans-Albert
Stechl

Stechls Standgericht, die 14-tägige Koch-
kolumne im Wochenendmagazin der *Badischen
Zeitung*, findet nach wie vor eine vielfältige und
vor allem positive Resonanz.
Vor drei Jahren ist Band 1 von *Einfach gut
gekocht* erschienen. 70 neue Rezepte
haben sich zwischenzeitlich schon wieder
angesammelt. Sie alle liegen nun, übersichtlich
sortiert, in Band 2 von *Einfach gut gekocht* vor.

Alle Rezepte folgen einer ebenso klaren wie einfachen Grundidee:

- Die Zutaten sollen sich an den Jahreszeiten orientieren, frisch sein und möglichst aus der
  Region kommen.
- Wir brauchen keine teuren Edelprodukte, um ein schmackhaftes, gesundes Essen auf den
  Tisch zu bringen.
- Der zeitliche und technische Aufwand in der Küche muss sich in überschaubaren Grenzen
  halten.
- Die einzelnen Schritte der Zubereitung werden so genau beschrieben, dass nichts schief
  gehen kann – sozusagen Rezepte mit Gelinggarantie, damit auch Menschen mit zwei linken
  Händen nicht abgeschreckt, sondern animiert werden, wieder mal zum Kochlöffel zu greifen.

Wenn sich das Einkaufen gesunder Lebensmittel, das unbeschwerte Kochen zu Hause und das
Genießen in froher Runde zu einem sinnlichen Gesamterlebnis verbinden, dann haben wir
mehr für unsere Gesundheit und für unser Wohlbefinden getan, als das Schlucken von
Vitamintabletten und die Einnahme von ›Nahrungsergänzungsstoffen‹ jemals bringen könnten.

Erhältlich in Ihrer Buchhandlung

ROMBACH VERLAG

Unterwerkstraße 5, D-79115 Freiburg i.Br.
Telefon (07 61) 45 002135, Telefax (07 61) 45 00-2125
info@buchverlag.rombach.de
Besuchen sie uns im Internet unter **http://www.rombach.de/buchverlag**